Die Welt des Vergessens

Du brauchst die Vergangenheit - ich die Zukunft
Du brauchst die Stille - ich das Leben
Du brauchst das Chaos - ich die Ordnung
Du brauchst die Distanz - ich die Nähe
Du brauchst die Kälte - ich die Wärme
Du brauchst das Innen - ich das Außen
Du brauchst das Alte - ich das Neue
Du brauchst die Isolation - ich die Freiheit
Du brauchst das Gestern – ich das Heute und
das Morgen

(Ingrid Beck))

Ingrid Beck

Und plötzlich bist Du ein Fremder

Demenz kennt kein Happy-End

Bibliografische Information der Deutschen Nationalbibliothek:
Die Deutsche Nationalbibliothek verzeichnet diese Publikation in der Deutschen Nationalbibliografie; detaillierte bibliografische Daten sind im Internet über http://dnb.dnb.de abrufbar.
© 2021 Ingrid Beck
Foto: Florian Wagner

Herstellung und Verlag: BoD – Books on Demand, Norderstedt
ISBN: 978-3-75575-259-2

Inhaltsverzeichnis

Gedanken zu Beginn

Mai 2020. Ich suche immer noch. Nicht nur nach dem Anfang, sondern auch nach dem Ende. Es fühlt sich an, als ob man einen alten Pullover auftrennt, die Wolle hektisch aufgewickelt hat und jetzt weder den Anfang noch das Ende auf Anhieb findet. Kann man einen Menschen zwei Mal innerhalb von kurzer Zeit verlieren? Denn genau so fühlt es sich an. Das erste Mal habe ich Dich an eine Welt verloren, zu der niemand mehr Zugang hatte. Wie oft habe ich mir gewünscht, Dich nur noch ein einziges Mal in Deiner Welt zu erreichen, Dir Dinge zu sagen, die uns so wichtig waren. „Ich liebe Dich!", „Fahr vorsichtig!" und ich hätte alles darum gegeben, Dich noch ein einziges Mal zu spüren. Deine Hände auf meinen. Deine Hände waren wunderschön. Schlank, nicht zu groß und sie waren immer warm. Und diese Wärme vermisse ich so sehr. Du hast einmal gesagt: „Ich weiß, dass ich in meiner eigenen Welt lebe, aber in ihr bin ich glücklich, also lass mich bitte in ihr." Ich habe Dich gelassen, mit all meiner Wut, meiner Trauer, meinem Schmerz und um den Preis unserer Liebe. Heute weiß ich, Liebe trägt nicht alles. Ich bin dafür behandelt worden wie eine

Aussätzige, wurde verurteilt, angeprangert. Ich weiß, es war richtig, wie wir es gemacht haben. Verstanden hat es niemand. Seit ein paar Tagen weiß ich, dass Du gegangen bist und zum zweiten Mal wirst Du nicht mehr wiederkommen. Das erste Mal war es Dein Geist, der gegangen ist, jetzt ist es Dein Körper. Niemand sollte so gehen, wie Du es getan hast, aber vielleicht bist Du jetzt genauso gestorben, wie Du gelebt hast. Still, leise, von so vielen unbemerkt. Als wir uns damals getrennt haben, dachte ich immer, dass ich vielleicht erleichtert sein werde, wenn ich irgendwann auf welchen Wegen auch immer erfahren werde, dass es Dich nicht mehr gibt. Vielleicht werde ich dann das Gefühl der Angst verlieren, wenn es an meiner Haustür klingelt und Du stehst davor. Ich weiß, dass Du mir zu gesunden Zeiten niemals etwas getan hättest, aber Deine ständigen Besuche waren so schwer zu ertragen, weil ich Dich nicht sehen konnte, ohne dass es weh getan hat. Äußerlich warst Du noch immer der Mann, in den ich mich verliebt habe. Mit jedem Erscheinen von Dir kam das Sehnen nach demjenigen, der Du einmal warst. Rein rechtlich sind wir geschieden. Seit dem 7. Oktober 2016 um genau zu sein. Das sind jetzt dreieinhalb

Jahre. Das ist das rechtliche. Gefühlt bin ich Deine Witwe und ich sitze auf einem Berg von Erinnerungen, die sich überschneiden wie Filme, die man übereinanderlegt und dann nicht mehr weiß, zu welchem Film sie ursprünglich gehören. Bis nichts als Bildfetzen bleiben, immer mehr und mehr, bis ich auf einem Riesenberg von Schnipseln sitze und versuche, das Puzzle zusammenzusetzen. Trägt Liebe alles? Muss sie alles ertragen? Bedeutet es ein Leben gegen das andere?

Es ist vorbei

26. Juni 2016: Ich möchte mich manchmal einfach zurück träumen. Zurück zu dem Moment, in dem wir uns zum ersten Mal begegnet sind. Noch einmal zurück zu dem Augenblick, in dem ich aufgeregt vor Deiner Tür gestanden habe. Und ich war mehr als nur aufgeregt. Wir hatten miteiander geschrieben, telefoniert und dann beschlossen, dass es Zeit wird – höchste Zeit – uns in der realen Welt zu begegnen. Das war im Mai 2008. Ich könnte heute nicht mehr sagen, welche Sachen ich mir aus dem Kleiderschrank gefischt hatte für unsere erste Begegnung. Aber ich hatte rot lackierte Zehnägel, die Dir sofort aufgefallen sind und die Du toll fandest. Genau 367 km hatte ich zurückgelegt, um Dich zu sehen. Ich hatte damals noch meinen Vierbeiner mit dabei. Ich musste ihn mitnehmen, obwohl ich wusste, dass Du eigentlich keine Haustiere magst. Aber verschieben wollten wir das Treffen auch nicht. Unsere erste Begegnung war kein Paukenschlag. Oder vielleicht doch. So irgendwie. Die Begegnung hatte eher etwas von Magie. Wir waren beide vorsichtig geworden, aber welch Wunder. Wir waren beide keine 20 mehr. Aber es fühlte sich richtig an. Richtig und gut. So, als

ob sich unsere Seelen gesucht und gefunden hätten. Und jetzt ist es vorbei. Ich habe seit Monaten, wenn nicht Jahren die ersten ruhigen Momente. Ich sitze an meinem alten zerkratzten Sekretär und kann noch nichts so richtig fühlen. Die gemeinsame Wohnung ist aufgelöst und mein neues zuhause ist eine Einzimmerwohnung mit stolzen 37 qm. Mein neues zuhause. Ich bin körperlich eingezogen, habe aber manchmal das Gefühl, meine Seele kommt noch nicht hinterher. Sie ist noch nicht mit eingezogen. Noch ist alles so furchtbar durcheinander in mir. Die ersten Gedanken machen sich in mir Platz, die ersten Emotionen, die Erinnerungen. All das, wovor ich all die vergangene Zeit Angst hatte. Die letzten Monate, die letzten Wochen. Angst vor den Gefühlen, den Bildern, den vielen Fragen, auf die ich keine Antworten mehr finden werde. Meine Gefühle fahren immer noch Achterbahn und ich sitze hier am Anfang meines „neuen" Lebens. Ein Leben ohne Dich, ein Leben, in dem es ein gemeinsam nicht mehr geben wird. Ich versuche, mich an mein neues Leben zu gewöhnen, aber es fühlt sich noch alles so fremd an. In meiner neuen Wohnung erinnert nichts mehr an Dich. An das uns. Niemand würde vermuten, dass ich noch verheiratet bin, denn ich trage seit Monaten keinen Ehering mehr, es hängen hier keine Bilder von uns beiden an den Wänden oder auf einem Regal. Oder Bilder nur von Dir. So wie in der alten Wohnung. Die es seit genau 16 Tagen nicht mehr gibt. Es fällt so schwer zu begreifen, dass ich Dich in Deine eigene Welt verloren habe und nichts mehr an den Mann erinnert, den ich gerade mal vor 4 Jahren geheiratet habe. Bilder von unserer Hochzeit steigen in mir auf. Obwohl wir nur standesamtlich geheiratet haben, hatte ich ein cremefarbenes langes Brautkleid an. Welche Frau hat nicht immer noch das kleine Mädchen in sich, das von einem wunderschönen Brautkleid zu ihrer eigenen Hochzeit träumt. Ich hatte Dich damals gebeten, vor dem Standesamt zu warten, weil ich nicht wollte, dass Du mich vorher siehst. Als ich mit dem geschmückten Cabrio einer Freundin endlich das Standesamt erreicht hatte und Du mich gesehen hast, hast Du geweint und gesagt: „Du bist so schön!". Und wieder kommen mir die Tränen, wenn ich mich daran erinnere. Es gibt Dich noch – körperlich. Aber innerlich nicht mehr. Du bist ein Fremder für mich geworden. Ich musste Dich loslassen und habe Dich verloren an eine Welt, zu der ich keinen

Zutritt mehr habe.

Und es gibt Momente, in denen ich einfach nur vergessen möchte. Auslöschen, was gewesen ist. Immer dann, wenn der Schmerz zu groß wird und ich glaube, die Erinnerungen nicht mehr ertragen zu können. Ich suche manchmal immer noch den Anfang der Geschichte. Ab und an frage ich mich, ob er wirklich noch so wichtig ist. Ich weiß es nicht. Tief in mir bin ich immer noch auf der Suche, auch wenn es das Ende der Geschichte nicht mehr ändern wird. Aber vielleicht wird es dann leichter. Nur ein bisschen. Und vielleicht hilft es mir, eines Tages verstehen zu können. Wenn mir jemand gesagt hätte, wie unsere Ehe nur so kurze Zeit später enden wird, ich hätte ihn ausgelacht und denjenigen in die Kategorie „armer Irrer" eingestuft. Niemals hätte ich mir das Ende so vorstellen können. Und niemals gedacht, wie viel ich aushalten muss. Und aushalten kann.

„Geben Sie mir meinen Mann zurück!"

10. November 2015. Tag 3. Tag 3 nach Stunde null, wie ich sie ab sofort nenne. Die Welt hat sich für mich aufgehört zu drehen. Still und leise. Seit drei Tagen weine ich, bete ich, habe Hoffnung, bin mutlos und dann wieder kampfbereit. Es ist eine Achterbahn der Gefühle. Es brennen gerade unzählige Kerzen für Dich und viele Menschen sind bei mir und Dir. Ich habe in sozialen Netzwerken gepostet, dass mir bitte alle, die mich kennen Kraft, Mut und Engel schicken sollen. Für Dich – und auch mich. Ich brauche jetzt mehr Kraft als ich selbst habe. Und die Resonanz ist unglaublich. Mir hilft es in diesem Moment, in dem ich mich selbst so schwach und hilflos fühle. Die Stunde null. Die ist am Freitag dem 7. November 2015. Du bist auf einem Seminar, ca. 30 km von hier und ich weiß, es kann spät werden. Du hast früher Feierabend gemacht und warst heute nur kurz zuhause, um Dich zu duschen, umzuziehen und die Sachen mitzunehmen, die Du für das Seminar brauchst. Ich gehe irgendwann ins Bett und warte nicht auf Dich. Irgendwann spät am Abend höre ich, wie Du leise die Schlafzimmertür aufmachst und sagst: „Ich bin wieder da. Aber ich habe einen Kratzer ins Auto

gefahren. Ist aber nicht schlimm. Schlaf weiter."
Leise gehst Du zu Deiner Bettseite und nimmst
Dein Kissen und Deine Decke, um – wie schon
so lange – im Wohnzimmer zu schlafen. Mein
schlaftrunkenes Ich registriert nur: „O.k. Du bist
zuhause, Auto hat einen Kratzer. Es gibt
Schlimmeres." Und ich schlafe weiter. Hätte ich
geahnt, was mich am nächsten Morgen erwarten
würde, dann hätte ich Dich nicht noch einmal
alleine schlafen lassen. Ich hätte Dein altes „Ich"
festhalten wollen, mich an Dir festgehalten.
Samstag, der 8. November. Alles ist noch so
vertraut. Das Blubbern Deiner Kaffeemaschine,
die ich bis ins Schlafzimmer hören kann. Der
Duft von frischem Kaffee, der langsam durch
die Wohnung zieht. Ich lasse mir Zeit mit dem
Aufstehen, schlüpfe in meinen weißen
Bademantel. Du sitzt auf dem Balkon und
rauchst gerade eine Zigarette. Als ich mich
neben Dich setze und Dich ansehe, steht genau
ab diesem Moment die Welt still. Es sind Deine
Augen, die mich ansehen und doch nicht mehr
Deine. Dein Blick macht mir Angst. Große
Angst. Deine Augen sind mir fremd geworden.
Sie scheinen durch mich durchzuschauen. Deine
Hand wippt auf dem Aschenbecher – einem
alten pinkfarbenen Blumenübertopf – immer

wieder auf und ab, als ob sie nicken würde. Auf und ab. Du schnippst Asche von Deiner Zigarette, obwohl sie schon längst aus ist und Du nur noch den Filter in der Hand hältst. „Hey, was ist los mit Dir?" – Ich frage leise und vorsichtig und höre meine eigene Stimme zittern. Du lächelst nur leise. In Deinem Gesicht bleibt das Lächeln kleben, als ob es eingemeißelt wäre. Und Du nickst. Deine Hand mit der abgebrannten Zigarette immer noch in der Hand. Und sie schnippt immer noch Asche ab, wo längst keine mehr ist. Nicken, wippen, nicken, wippen...Ich habe keine Angst mehr, sondern Panik. Wieder frage ich Dich, versuche, meiner Stimme einen festeren Klang zu geben. „Ich sehe doch, dass was nicht o.k. ist. Sag mir bitte, was los ist. Kann ich Dir helfen?" Immer noch statisches Lächeln. Immer noch Asche abschnippen. Nicken. Wippen. Nicken. Wippen. Mir bricht der kalte Schweiß aus. Mein Herz schlägt so schnell, als ob es gleich zerspringen wollte. Die Panik in mir lässt mich ärgerlich werden. Und wütend: „Mensch, sprich endlich mit mir." Ich fange selbst an zu zittern. Und mir kommen die Tränen.

Vorsichtig löse ich den restlichen Zigarettenstummel aus Deiner Hand und nehme

Dich mit ins Wohnzimmer. Deine Schritte, so lange Jahre vertraut – auch sie sind mir fremd geworden. Wir setzen uns aufs Sofa. Du sitzt wie immer auf Deinem Platz. Ich bin immer noch im Bademantel. Es ist mir gerade egal. Du lächelst immer noch. Und ich habe das Gefühl, ich kann Dich nicht mehr erreichen, mit dem, was ich sage. Nein, ich *weiß*, dass Dich meine Worte nicht mehr erreichen. Ich flehe Dich an, mit mir zu sprechen, bin wütend, weil ich denke, Du willst nicht mit mir reden. Du nimmst meine Hand und hältst sie so fest, als ob Du sie niemals mehr loslassen willst. Du lächelst immer noch. „Bitte, rede mit mir. Sag irgendwas. Bist Du wütend auf mich?" Wie so oft in der letzten Zeit, denke ich traurig. Und so oft ohne – zumindest für mich – ersichtlichen Grund. Darüber kann ich jetzt gerade nicht nachdenken. Ich schiebe diesen Gedanken erst mal weit weg zur Seite. Ich flehe Dich an, mir nur ein einziges Wort zu sagen. Einen kurzen Moment denke ich, Du machst das nur, um mich zu ärgern. Das denke ich bis zu dem Moment, in dem Du versuchst, zu sprechen. Und exakt bis zu dem Augenblick, in dem ich verstehe, dass Du es nicht mehr kannst. Deine Lippen bewegen sich. Mühevoll. Und das, was Du sagst, kann ich nicht

17

mehr verstehen, weil Du so undeutlich, so verwaschen sprichst. Du gibst Dir Mühe, das sehe ich. Du siehst aus wie immer und gleichzeitig bist Du auf einmal wie ein Fremder für mich. Als ob ein Blitz mich trifft, schießt mir ein Wort in den Kopf: Schlaganfall!!! Du hast einen Schlaganfall! Anders kann es nicht sein. Ich muss handeln. Irgendetwas tun. Langsam winde ich meine Hand aus Deinen Händen. Ich rufe Deinen Sohn an, damit er Dich in die Klinik bringt. Du weigerst Dich, Dich von mir fahren zu lassen und als ich den Rettungswagen rufen will, wirst Du böse. Auch wenn Du nicht mehr richtig sprechen kannst. Ich merke, Du regst Dich auf und das will ich nicht. Aber auf Deinen Sohn wirst Du hören. Das weiß ich. Du wirst auch erst einmal in der Klinik bleiben, da bin ich sicher. Ich reiße den Wandschrank auf, hole eine Tasche heraus, werfe kopflos ein paar Dinge für Dich hinein und bin froh, dass er Dich fahren wird. Du würdest meine nackte Angst spüren und das wäre nicht gut für Dich. Das spüre ich. Ich bin unendlich froh, als es wenige Minuten später an der Tür klingelt. Als Dein Sohn da ist, willst Du Dir unbedingt noch einen Kaffee machen und kommst mit der Kaffeemaschine nicht mehr zurecht. Deine

Hände können die Filtertüte nicht mehr aus der Packung zupfen, die Kaffeedose bekommst Du nicht mehr auf. Dein Sohn spricht so liebevoll mit Dir, dass mir die Tränen kommen. Wie mit einem kleinen Kind, aus dem man versucht, etwas herauszubekommen. Wir beide wissen, wie sehr Du Ärzte und Kliniken hasst. Das ist so tief in Dir verankert. Aber endlich hat Dich Dein Sohn davon überzeugt, dass mir Dir etwas nicht stimmt und Du in die Klinik gehörst. Ich bleibe in der Küche stehen, lehne mich an die Arbeitsplatte. Sie gibt mir gerade Halt. Ich lasse Dich mit ihm alleine im Flur. Als Du Dir Deine Schuhe anziehen willst, brauchst Du Hilfe. Den Reißverschluss Deiner Jacke bekommst Du nicht mehr alleine zu. Mich zerreißt es innerlich, das zu sehen und ich drehe meinen Kopf weg. Ich will es nicht sehen. Ich verspreche, gleich in die Klinik nachzukommen. Als ich Eure Schritte im Treppenhaus höre und wie die Haustür wieder ins Schloss fällt, reißt es mir den Boden unter den Füßen weg. Ich spüre, was passiert ist. Ich ahne, was die Diagnose sein wird. Aber ich will nicht, dass Du mich so verweint siehst und ringe um Fassung. Anders kann ich es nicht sagen. Die Angst treibt mir immer wieder die Tränen in die Augen und ich zittere wie Espenlaub. So sollst

Du mich nicht sehen.

Dein Sohn wird mich anrufen, sobald es ein erstes Ergebnis gibt. Und ich werde nachkommen. Du willst mich nicht dabeihaben, das kann ich spüren. Ich kann so nicht Autofahren. Die Warterei zerrt an meinen Nerven, jede Minute wird zur gefühlten Stunde. Ich will wissen, was mit Dir los ist. Dann wieder: ich will es nicht wissen. Endlich klingelt das Telefon. Dein Sohn ruft an und mit zitternden Händen gehe ich ans Telefon. „Ingrid, es ist kein Schlaganfall. Sie haben im CT nichts gesehen. Er ist jetzt auf dem Zimmer." Eigentlich eine gute Nachricht. Es ist kein Schlaganfall. Ich spüre aber, dass die Ärzte nicht Recht haben. Tief in mir weiß ich, dass es nicht die Wahrheit ist. Es kann nichts anderes sein. Weil ich es fühle.

Als ich mich beruhigt habe, ziehe ich mich an und fahre in die Klinik. Ich parke das Auto unterhalb des Krankenhauses und mein Herz schlägt so schnell, dass ich Angst habe, es bleibt vor lauter Raserei gleich stehen. So, als ob jemand mit 180 Stundenkilometern über die Autobahn fährt und dann eine Vollbremsung macht. Stillstand. Mir ist das Krankenhaus so vertraut, weil ich selbst so oft darin gelegen habe. Ich muss Deine Station nicht lange suchen, mich nicht durchfragen. Zu gut weiß ich, wo welche Station ist. Als der Fahrstuhl mit einem leichten „Plopp" hält und ich aussteige, wünsche ich mir, ich wäre jetzt nicht alleine. Ich weiß nicht, was mich gleich erwarten wird, wenn ich in Dein Zimmer komme. Auf dem Gang spüre ich die mitleidigen Blicke der Krankenschwestern. Sollten sie mir nicht Mut machen? Irgendetwas sagen, das mir hilft, die Tür zu öffnen, vor der ich jetzt gerade stehe? Vor Deinem Zimmer. Bevor ich die Türklinke herunterdrücke, atme ich tief durch. Wie immer ist die Klinik viel zu voll und man hat aus einem Dreibettzimmer ein Vierbettzimmer gemacht. Du liegst in der Nische an der Seite. Zwischen Fenster und Schrank. Tränen steigen in mir hoch. Ich setze mich auf den Bettrand und merke, dass alles nass ist. Schnell sage ich den Schwestern Bescheid, dass sie Dein Bett frisch beziehen. Du kannst gar nicht mehr sprechen. Ich kann nicht mehr verstehen, was Du sagst. Ich fühle mich unendlich traurig und kann den Anblick kaum ertragen. Der Arzt kommt zu Dir. Er fragt Dich, welchen Tag wir haben, welches Jahr, ob Du weißt, wo Du bist. Deine Antworten kann nicht einmal ich mehr verstehen. Du nimmst meine Hand, während er Dir Fragen stellt. Ich merke schnell, wenn Du „Ja" meinst, drückst Du meine Hand, wenn Du „Nein" meinst, dann schüttelst Du zaghaft den Kopf. Als der Arzt wieder weg ist, ist der erste Satz, den ich halbwegs verstehen kann: „Jetzt hast Du, was Du willst." Der Satz brennt sich in mir ein. Ich lasse Dich alleine. Ich weiß, was Du meinst... Draußen auf dem Flur lehne ich mich an die Wand und lasse meinen Tränen freien Lauf. Ich gehe langsam zum Auto. In mir Angst. Angst und Panik. Ich spüre, dass ich Dich verloren habe. Die erste Diagnose – es könnte eine schwere Depression sein. Trotz macht sich in mir breit. Das hätte ich gemerkt, wenn es eine Depression wäre. Aber hätte ich es wirklich gemerkt? Fakt ist, dass Du Dich in den letzten zwei Jahren so verändert hast, dass ich manchmal gedacht habe, ich kenne Dich nicht wieder. Als ich Dich am nächsten Morgen besuche, erkennst Du zwar mich und hast vergessen, wer Du eigentlich bist. Es bricht mir das Herz zu sehen, dass Du so viel willst und nicht mehr kannst. Ich muss auf den Flur gehen, damit Du meine Tränen nicht siehst. Ich helfe Dir ins Bad und Du tust Dir mit dem Laufen so schwer. Es sind schlurfende, unsichere Schritte. Vor dem Waschbecken weißt Du nicht, was Du jetzt machen sollst. Du verziehst keine Miene, als Du Dich selbst im Spiegel siehst. Altvertraute Gegenstände sind auf einmal Neuland für Dich. Ich versuche Dich daran zu erinnern, was man mit einer Zahnbürste macht und mit einem Kamm, aber Du weißt es nicht mehr. Und es bricht mir das Herz, Dich so zu sehen. Heute am Nachmittag hat sich bestätigt, was ich im tiefsten Inneren befürchtet habe – und obwohl ich es tief in mir gespürt habe: Ich höre die Worte des Arztes, aber sie erreichen mich nicht. Noch nicht. Du hattest zwei Schlaganfälle und es ist, als ob man mir den Boden unter den Füßen wegreißt. Ich habe Dich verloren, auch wenn Du noch da bist. Du hast ganz wenige helle und klare Momente – es ist wie ein Fenster, das man kurz aufstößt, um Licht hineinzulassen und dass der Sturm gleich wieder zuschlägt. Es tut so weh, Dich so zu sehen und ich wünsche mir, das Fenster würde für Dich aufgehen und alles Licht der Welt zu Dir lassen. Und es ist einsam ohne Dich und ich vermisse den Mann, den ich geheiratet habe, ganz schrecklich. Als mir die Ärzte gesagt haben, wie es um Dich steht, habe ich nur geantwortet: „Bitte geben Sie mir meinen Mann zurück…" Genau dasselbe habe ich auch dem jungen Polizisten gesagt, der bei uns zuhause war, um Bilder von Deinem Auto zu machen. Aber weißt Du was? Du hast wunderbare Kinder und Geschwister - sie tragen mich mit durch diese furchtbar schweren Stunden und Tage. Viele Freunde und Bekannte schicken Gebete und sind in Gedanken bei Dir und mir. In diesem Moment brennen viele Kerzen für Dich und mich. Und das ist das, was ich so unglaublich finde. Diese Kraft, die uns so viele Leute gerade schenken. Vor zwei Wochen hast Du Dir Socken von mir gewünscht und morgen früh werde ich Wolle kaufen und mein Strickzeug mitnehmen, mich an Dein Bett setzen und einfach nur da sein.

Tag 4 – Stunde um Stunde

10. November 2015. Ich stehe heute Morgen auf, muss nicht sofort weinen und darauf bin ich so stolz! Ein lieber Freund ruft mich kurz nach 7.00 Uhr an und er schafft es sogar, mich kurz zum Lachen zu bringen. Es hört sich so verrückt an, in der Situation zu lachen, aber es hilft und schafft meine Traurigkeit erst einmal beiseite. Die Erde dreht sich wieder, aber sie dreht sich anders. Langsamer, stiller und sehr viel ruhiger. Aber als ich auf den Krankenhausparkplatz fahre, ist er wieder da. Der dicke Kloß in meinem Hals und der Backstein auf dem Herzen, das immer so schnell schlägt, wenn ich das Auto am Krankenhaus parke und die Ungewissheit, was mich erwarten wird, wenn ich Dich gleich sehen werde. Auf dem Weg zu Dir habe ich eine Idee, von der ich Dir unbedingt erzählen muss, wenn ich bei Dir bin. So unglaublich viele Menschen schicken uns Gebete, liebevolle Gedanken und mutmachende Zeilen, dass ich all das in einem kleinen Buch zusammenfassen und es Dir schenken werde. Ich werde Dir all das vorlesen, was uns so viele Menschen geschickt haben und immer noch schicken. Wir beide sind nicht alleine und das hilft gerade so sehr. Ich weiß

nicht, welche Hiobsbotschaften uns heute erwarten werden, aber ich spüre auch, dass Freude wichtig ist. Und ich beschließe außerdem, Dich nicht zu verhätscheln, sondern so mit Dir umzugehen, als könntest Du alles alleine. Mich zerreißt es innerlich beinahe, wenn ich sehe, wie schwer Dir das Essen fällt und ich muss mich furchtbar zurückhalten, Dir nicht das Besteck aus der Hand zu nehmen, um Dich zu füttern. Aber Du brauchst Deine eigene Zeit, die alleine Du bestimmst. Wenn Du kleckerst, dann mache ich kein Trara, sondern dann ist es einfach so. Ich spüre, dass Du seit heute weißt, dass Du so viel vergessen hast. Ich weiß nicht, was in Dir gerade vorgeht, aber ich kenne Dich. Du wolltest nie, dass man Dich verhätschelt. Und so soll es auch bleiben. Die Schwestern loben mich, weil ich so instinktiv das Richtige tue. Als Deine Tochter mit ihrer Familie kommt und sie Dir unsere gerade mal 7 Wochen alte Enkeltochter in den Arm legt, muss ich raus, weil mir die Tränen in die Augen schießen. Du kennst die Namen Deiner Kinder nicht mehr, kannst Dich nicht mehr an den Namen Deiner gerade geborenen Enkeltochter erinnern, aber dennoch: der Moment ist so unglaublich emotional und er rührt mich tief in meinem

Herzen. Als ich wieder in Dein Zimmer komme, hast Du die Kleine immer noch im Arm. Aber ich muss nicht mehr weinen und schaue Euch beide an, wie Ihr Euch gegenseitig völlig versunken anseht. Seit heute Morgen wissen wir, dass Du wahrscheinlich nach München verlegt werden wirst. Das CT von Deinem Kopf ist mehr als dramatisch, weil Du schon so viele kleine Schlaganfälle hattest und einen ganz großen, der in Dein Persönlichkeitszentrum „eingeschlagen" hat. Zusätzlich hat man frontotemporale Demenz bei Dir diagnostiziert. Und es wird lange dauern, bis Du wieder zuhause bist. Ich weiß nicht, wie es werden wird, wenn Du lange so weit von hier weg sein wirst.

Ich muss auf einmal Entscheidungen für weitere Untersuchungen und Behandlungen treffen, von denen ich hoffe, es wären genau so auch Deine. Was ist jetzt richtig, was ist falsch? Was würdest Du wollen? Bei jeder Unterschrift, die ich für Dich leiste, frage ich mich, ob es wirklich Deine Entscheidung ist oder doch meine. Das Zuhause ohne Dich ist anders geworden. Gestern habe ich für acht gewaschene Wäschestücke knapp zwei Stunden gebraucht, um sie auf den Wäscheständer zu hängen, weil sich meine Gedanken im Kreis drehen und es so schwer ist, zur Ruhe zu kommen. Ich bin zu dusselig, den Müllkalender zu verstehen, weil Du das immer gemacht hast, also habe ich einfach geschaut, welche Tonne die Nachbarn an die Straße gestellt haben und unsere dann dazugestellt. Wenn es eigentlich Deine „Feierabendzeit" ist, gehe ich in die Küche, nur um dann wieder enttäuscht umzudrehen, weil Du auch heute nicht zuhause sein wirst und ich nur für mich alleine nicht kochen mag. Wir haben den 4. Tag geschafft, es gab helle und dunkle Momente, aber Du bist noch da, das weiß ich sicher, denn ich kann Dich spüren. Und morgen ist ein neuer Tag...

Tanz zwischen den Welten

14. November 2015. Ich brauche Rituale. Abläufe, an denen ich mich festhalten kann, damit ich keine Angst haben muss, den Halt zu verlieren. Meine Tage brauchen eine Struktur — eine andere als noch vor wenigen Tagen. Und ich brauche das Schreiben, um selbst verarbeiten und verstehen zu können, dass mein Leben so aus den Fugen geraten ist. Ich verbringe viel Zeit bei Dir und mit Dir und so langsam wird mir die Klinik vertraut wie ein zweites zuhause. Es ist so schwierig. Alles. Manchmal gelingt es mir für einen kurzen Moment, dass Du mich in Deine Welt hineinlässt, dann wieder bist Du in Deiner eigenen. Es erinnert mich an einen Tanz zwischen unseren beiden Welten. Manchmal können wir ein paar Schritte in Deiner Welt zusammen gehen, manchmal in meiner, manchmal trittst Du mir auf die Füße und immer wieder gehen wir auf die Startposition zurück. Du erzählst mir immer wieder, dass Dir eine Schwester gesagt hat, Du hast eine schöne Frau. Und ich spüre, wie stolz Du bist — Du erzählst es mir wieder und wieder, hältst meine Hand und ich kann das Leuchten in Deinen Augen sehen. Beim Mittagessen heute muss ich raus, weil es mich innerlich zerreißt. Heute

29

klappt es mit dem alleine Essen nicht gut, immer wieder machst Du minutenlang mit der Gabel dieselbe Bewegung. Du wirst ärgerlich, weil Du es selbst merkst, meine Hilfe möchtest Du nicht. Ich sitze auf „meinem" Stuhl an Deinem Bett, als das Mittagessen gebracht wird. Das Essen fällt Dir heute so schwer wie noch an keinem Tag. Du hältst die Gabel in der linken Hand und immer wieder wiederholst Du die Bewegung auf dem Teller. Du hast ein paar Reiskörner und ein winziges Stück Fleisch auf der Gabel, aber sie will und will einfach nicht den Weg zu Deinem Mund finden. Als ich Dir helfen will, wirst Du böse und Du sagst so undeutlich: "Nimm mir nicht meine Selbständigkeit." Ich muss schlucken und stricke erst einmal weiter an Deinem Socken. Deine Worte verletzen mich, aber ich versuche, mir das nicht anmerken zu lassen.

Ich merke, dass Du nicht weiterkommst und bitte Dich, einfach eine kleine Pause einzulegen und es dann mit der anderen Hand zu versuchen. So klappt es. Du kannst alleine essen. Ich sehe, wie Du Dich freust, auch wenn Du es nie aussprechen würdest. Dein Teller ist heute leer und Du hast es ganz alleine geschafft.

Ich verstehe, dass ich Dich lassen muss, auch

wenn es so furchtbar schwer fällt. Kurz nach dem Essen kommt eine Schwester zu Dir. Ich musste Dir gestern die Fäden aus der Hand nehmen und gemeinsam mit dem Arzt besprechen, dass Du erst einmal keine eigenen Entscheidungen mehr treffen kannst. Ich komme mir vor, als hätte man Dich in Deiner Freiheit beschnitten, als würde ich Dich in Deiner Freiheit beschneiden. Wir haben uns nie Gedanken darum gemacht, was einmal sein wird, wenn einer von uns nicht mehr handlungsfähig ist. Ich muss die Miete überweisen und habe keine Bankvollmacht. Ich muss Rechnungen bezahlen und kann es nicht. Geldangelegenheiten waren immer „deins" — und ohne Dich bin ich handlungsunfähig. Als gestern feststand, dass Du selbst nicht mehr geschäftsfähig bist und die Ärzte die Betreuung in den Raum gestellt hatten, sind mir die Tränen gekommen. Aber ich habe keine Wahl, wenn ich das, was Alltag ist, bewältigen will. Heute ist der Bescheid schon da und das sind Momente, in denen ich glaube, nicht mal mehr die Kraft zum Atmen zu haben und mein Herz müsste sofort in tausend Stücke zerbersten. Der Bescheid ist befristet bis zum 11. Mai — das ist unser 4. Hochzeitstag. Es tut so weh, diesen Tag zu lesen, weil er mich an den Tag erinnert, an dem wir geheiratet haben. Wir hatten so viele Pläne, so viele Ideen, so viele Träume und es gibt Momente, in denen ich dankbar bin, dass Du nicht alles verstehen kannst. Der 11. Mai – an ihm halte ich mich fest. Er trägt mich heute durch den Tag, er fühlt sich an wie ein „Stichtag" und ich will mir Dir an diesem Tag tanzen, gemeinsam mit Dir und in unserer gemeinsamen Welt.

Nach dem Mittagessen möchtest Du ein Eis. Ich weiß, wie sehr Du Eis liebst und es wirklich kiloweise verdrücken kannst, ohne dass Du auch nur ein einziges Gramm zunimmst.

All die Jahre war ich immer wieder neidisch auf Dich, wenn Du eine ganze Packung - eigentlich gedacht für vier Leute - alleine gegessen hast ohne ein einziges Gramm zuzunehmen.

Weißt Du noch, als Du einmal einen Kellner in Erfurt völlig aus der Fassung gebracht hast? Das war im Juni 2008. Ich war Gast in einer Live-Sendung beim MDR und wir waren zeitig in Erfurt angekommen. Wir hatten keine Lust, uns die Stadt anzusehen, weil wir froh waren, endlich am Ziel zu sein, aber Du wolltest ein Eis. Es war warm und wir haben uns ein wunderschönes Eiscafé in der Fußgängerzone ausgesucht. Du hast erst mal 6 Kugeln Eis bestellt - 3 Kugeln Haselnuss und 3 Mal Stracciatella mit Sahne. Ich hatte ein Spaghettieis und habe im Inneren schon das Hüftgold hochgerechnet, als ich meinen letzten Klecks Erdbeersoße vom Löffel abgeschleckt hatte.

Als der Kellner kam, um unser Geschirr abzuräumen, hast Du noch mal 6 Kugeln bestellt. Auch mit Sahne. Ich glaube, den fassungslosen und ungläubigen Blick vom Kellner werde ich wohl nie vergessen. Als er Deine zweite Portion brachte, konnte ich sehen, dass er sich mit seinen Kollegen so positioniert hatte, dass er sehen konnte, ob Du diese große Portion wirklich ganz alleine vertilgst. Ich musste so lachen.

Und heute erinnerst Du mich an diese Zeit. Wie ein kleines glückliches Kind sitzt Du vor Deinem Eisbecher. 2 Kugeln Vanille, 2 Kugeln Stracciatella mit Kokosflocken und Sahne. Du kannst sogar alleine Deine Bestellung aufgeben. Ich sitze neben Dir und fühle mich auch gerade wie ein kleines glückliches Kind. Denn dieser Moment gibt mir Hoffnung. Viel Hoffnung.

Du isst Dein Eis und ich schaue Dich an. Für mich bedeutet Dein Wunsch nach Eis heute so viel. Er gibt die Hoffnung auf ein normales

Leben mit Dir. Vielleicht kommt der Tag, an dem diese Zeit nichts mehr ist als eine böse Erinnerung. Daran halte ich mich fest.

Ich verlerne zu Reden

Ich merke, wie ich mich mehr und mehr in mir selbst zurückziehe. Wie eine Schnecke, die sich erschreckt hat und sich sofort in ihr Haus zurückzieht. Die ersten Tage konnte ich noch reden. Also darüber sprechen, wie ich empfinde, was ich fühle, wie es mir geht. Aber mittlerweile bin ich bestens darauf trainiert, Deiner Familie die neuesten Fakten von Dir in Kurzform zusammenzufassen und sachlich zu transportieren. In der Regel über das Telefon. Für mich selbst kann ich genau das nicht mehr. Es sind zu viele Emotionen, die mich selbst überrollen - und derer ich manchmal nicht einmal mehr selbst Herr werde. Ich habe Momente, in denen ich die Telefone abschalten möchte, und zwar alle. Das mache ich aber nicht, weil ich viel zu viel Sorge habe, dass vielleicht das Krankenhaus anrufen könnte, weil es Dir schlechter geht. Also hebe ich spätestens beim dritten Klingeln ab. Und das rund um die Uhr.. Deine Schwester ist eine Nachteule – im Gegensatz zu mir – denn ich gehe mit den Hühnern zu Bett. Ich hoffe, sie hat mittlerweile verstanden, dass man mich nicht gegen 22.00 Uhr aus dem Bett holen muss, um mit mir tiefgreifende Gespräche auf der "Meta-Ebene" zu führen. Meine Ebene ist aus dem Tiefschlaf gerissen und somit erst mal sehr ungehalten. Und glaub mir eins: die letzten Tage vermisse ich meine eigene Familie mehr denn je. Es wäre so schön, noch Eltern zu haben, die mir jetzt zuhören könnten. Ich merke, wie meine eigene Kraft von Tag zu Tag weniger wird und ich wünsche mir nichts sehnlicher als einen sicheren Hafen, den ich anlaufen könnte. Jemand, der mir hilft, Entscheidungen zu treffen, die ich treffen muss, der mit trägt, weil die Last, die ich im Moment zu schleppen habe, so unendlich viel und schwer ist. Und ich habe das Gefühl, selbst wenn ich noch über mich reden könnte: es hilft mir nicht. Es hilft mir nicht, wenn es um mich geht. Manchmal habe ich das Gefühl, dass sich ein Teil von mir getrennt hat, um trotz dem Schmerz, der Verzweiflung, der Ohnmacht, der Traurigkeit und der Hilflosigkeit irgendwie weiterleben zu können. Ich weiß, dass ich eigentlich nicht wirklich alleine bin. Manchmal trägt mich der Spruch: Du kannst nie tiefer fallen als in Gottes Hand. Aber er trägt mich nicht jeden Tag und manchmal auch gar nicht. In der realen Welt mich mitzuteilen, fällt mir immer schwerer und schwerer. Weil ich letztlich doch alles alleine tragen muss. Die Einzigen, die im Moment viel Last mittragen, sind meine "Bullen". Zwei Polizisten, die ich in einem sozialen Netzwerk kennengelernt habe. Ich glaube, ohne die beiden hätte ich schon aufgegeben. Einer schafft es sogar, mich manchmal zum Lachen zu bringen. Es ist nicht Deine Familie, die ich anrufe, wenn ich das Gefühl habe, bei mir selbst nichts geht mehr, sondern es sind die beiden. Ich merke, dass viele von meinen Freunden mit der aktuellen Situation überfordert sind. Sie ziehen sich zurück, melden sich immer seltener. Einige halte ich via Mail auf dem Laufenden, aber sie sind keine wirkliche Hilfe. Aber ich kann es auch verstehen. Auch wenn ich jemanden so gut gebrauchen könnte, der in der realen Welt hier vor Ort mit trägt - es gibt niemanden. Ich fange mir von Menschen, denen ich einst vertraut habe, Kritik ein für die Tatsache, dass ich einiges von Deiner und meiner Geschichte auf meinem Blog geschrieben habe. Aber auch ich brauche die Möglichkeit, zu verarbeiten und zu verstehen, was seit Anfang November passiert ist. Meine Möglichkeit dazu war schon immer das Schreiben. Das Schreiben hilft mir beim Sortieren der Gedanken, beim Verarbeiten meiner eigenen Gefühle - und meiner eigenen

Ängste. Ich glaube, letztlich rettet mich gerade meine eigene Biografie. So viel habe ich schon geschafft, woran andere schon lange zerbrochen wären und manchmal denke ich, das mit Dir schaffe ich auch noch. Im Moment habe ich so wenig Halt in meiner realen Welt. Nach wie vor lebe ich von Stunde zu Stunde und von Tag zu Tag. Zurückgezogener von Tag zu Tag. Ich versuche, alles von Dir fernzuhalten, das Dich auch nur annähernd belasten könnte. Also mache ich alles mit mir selbst aus. Und ich baue darauf, dass ich es mein ganzes Leben immer wieder geschafft habe, mir Hilfe zu holen, wenn ich selbst nicht mehr klar gekommen bin. Ich hoffe, dass das immer noch ein Anker in mir selbst ist.

Brauchst Du noch etwas? – Ja, Deine Liebe

17. November 2015. Ich weiß nicht, was für einen Tag wir haben, ich muss auf den Kalender schauen, um zu wissen, welches Datum wir heute haben. Meine Zeit verschwimmt und es spielt auch keine Rolle mehr, welchen Wochentag wir haben. Und heute passiert das, von dem ich nie wollte, dass Du es siehst. Heute magst Du nicht mit mir reden. Du bist auch ziemlich kurz angebunden, bist in Deiner eigenen Welt. Als die Therapeutin kommt, sollst Du aus 16 Würfeln ein Bild nachlegen – es ist ein rotes Kreuz auf weißem Untergrund. Du verstehst die Aufgabe nicht und versuchst und versuchst. Irgendwann gelingt es Dir. Es zerreißt mich innerlich, weil ich sehe, wie sehr Dich eine solch, eigentlich einfache Aufgabe, anstrengt und beinahe überfordert. Dann gibt sie Dir Wörter vor, die die Länder unserer Welt bedeuten. Es fehlen nur ein oder zwei Buchstaben in jedem Wort, die Du ergänzen sollst, aber es fällt Dir so schwer. Mir wird vielleicht zum ersten Mal richtig bewusst, wie groß die Defizite sind, die Du davongetragen hast. Mir kommen die Tränen und ich gehe auf den Flur. Ich will nicht, dass Du sie siehst. Eine Schwester spricht mich an und ich sage ihr nur:

„Es ist so furchtbar schwer..." Sie antwortet mir: „Frau Beck, erinnern Sie sich an letzte Woche, als ihr Mann auf nichts mehr reagiert hat. Auf gar nichts. Und schauen Sie ihn heute an." Ja, ich erinnere mich zurück. Ja, es mögen Fortschritte sein, aber heute gelingt es mir nicht, mich daran festzuhalten. Ich halte weiter alles von Dir fern, was Dich irgendwie belasten könnte. Erzähle Dir nichts von der mühsamen Arbeit gemeinsam mit der Polizei, um Deinen Unfall zu rekonstruieren, nichts von meinen Besuchen bei Deiner Bank und den geschockten Gesichtern Deiner Kollegen, nichts von dem, was ich täglich durchlebe. Mir gelingt es heute nicht, mich an irgendetwas festzuhalten. Ich will nicht, dass Du es siehst oder spürst und als ich gehe, frage ich Dich wie jeden Tag: „Brauchst Du noch etwas?" – Deine Antwort: „Ja, Deine Liebe" Ich kann nicht mehr anders, als weinen. Ich weiß, dass es Dich auch traurig macht, wenn Du mich weinen siehst, aber ich kann es nicht mehr verhindern. Meinen Kopf lege ich auf Deine Brust und Deine Hände streicheln über meinen Rücken. Es tut gut Dich zu spüren, auch wenn ich weiß, dass Du mich im Moment nicht halten kannst.

Nichts als Wut

21.11.2015. Ich bin wütend. Und ich weiß im Moment nicht, wohin mit meiner Wut. An den ersten Tagen hatte ich noch den Gedanken: Das alles ist nicht fair. Aber ist das Leben überhaupt jemals fair? Überrascht es uns nicht immer wieder mit Dingen, die man als nicht fair empfindet? Als ungerecht? Heute vor zwei Wochen bist Du ins Krankenhaus gekommen. Und seit diesem Zeitpunkt besuche ich Dich jeden Tag. Jeden. Ich stehe morgens in der Regel um 6.30 Uhr auf, damit ich so gegen 9.00 Uhr bei Dir in der Klinik bin. Es ist Routine geworden, und im Moment empfinde ich es so, als ob ich aufstehe, um zur Arbeit zu gehen. Wenn ich nach 6 oder 7 Stunden bei Dir nach Hause fahre, schaffe ich nichts mehr.. Gar nichts. Ich sitze auf dem Sofa und fühle mich, als hätte ich 24 Stunden am Stück in einem Bergbau gearbeitet. Obwohl ich bei Dir nichts anderes mache, als nur da zu sein. Ich habe die letzten Tage immer wieder darüber nachgedacht, ob das, was am 7. November passiert ist, vermeidbar gewesen wäre. Ja. Das wäre es. Und das macht mich unsagbar wütend. Als ich heute Morgen bei Dir bin, fällt es mir schwer, Dir meine Wut nicht zu zeigen. Dich interessieren

41

im Moment andere Dinge. Aber mit der Tatsache zu leben, dass Du nicht nur Dein eigenes Leben, sondern auch meines zerstört hast, komme ich nur schwer zurecht. Ich denke ein Jahr zurück. Es gab den einen Tag, an dem Du Dich so verändert hattest. Als Du von der Arbeit nach Hause gekommen bist, hast Du mich zu Tode erschreckt. Du hattest eine kleine Platzwunde über der linken Augenbraue und ein total angeschwollenes Gesicht. Auf der Arbeit hattet ihr neue Maschinen geliefert bekommen und Du bist mit dem Kopf in die Gabel von einem Gabelstapler gelaufen. Ich wollte Dich zu einem Arzt fahren oder ins Krankenhaus, aber Du wolltest nicht. Ich habe Dich angefleht, gebettelt und geweint. Aber es war nichts zu wollen. Du hast nicht einmal den Unfall Deinem Arbeitgeber gemeldet, obwohl Du das Deinen Kollegen und Mitarbeitern an ihrem ersten Arbeitstag bei Euch immer und immer wieder einbleust. Du selbst wusstest es mal wieder besser. Aber: seit diesem Tag warst Du anders. Stiller, sturer, egoistischer. Und im Laufe des Jahres wurde es immer schlimmer und schlimmer. Und die letzten Monate mit Dir waren die Hölle. Jeder hat gemerkt, dass etwas mit Dir nicht stimmt. Du hast im Wohnzimmer geschlafen und ich kann mich nicht einmal daran erinnern, wann Du Deine letzte Nacht im Schlafzimmer verbracht hast. Du warst oft morgens so durchgeschwitzt, dass Du mehrfach Dein T-Shirt wechseln musstest. Du hattest abgenommen. Du warst einfach anders. Ich habe alles, bei Gott alles versucht, um Dich zu einem Arzt zu bewegen. Aber gegen Deine Sturheit bin ich nicht angekommen. Genau so wenig wie Deine Kinder, Deine Schwestern oder Deine Mutter.. Ein einziges Mal habe ich Dich hinschleifen können - und der Blutwert, der jetzt Deine Verlegung nach München unmöglich macht, war da schon auffällig. Aber statt ihn kontrollieren zu lassen, hast Du Deinen "Gurus" aus Deiner esoterischen Gruppe vertraut. Alles, was ich sagte, meine Sorgen, meine Gedanken bezüglich Deiner Gesundheit, waren Blödsinn, aber den esoterischen Kram hast Du aufgesogen wie ein Schwamm. Hat es wirklich so weit kommen müssen? Hast Du so eine selbstzerstörerische Ader, dass alles wichtiger war, als Deine eigene Gesundheit? Weißt Du, genau *das* hatte ich auch schon mal. Und manchmal frage ich mich, ob ich überhaupt noch bereit bin, noch einmal in einer Partnerschaft die Folgen der Selbstzerstörung mitzutragen. Du bist nicht er, das weiß ich. Aber es gibt erschreckende Parallelen. Und ich hoffe nur, das Ende wird ein anderes sein als damals. Die Ärzte haben mir gesagt, Du wirst nie wieder so werden, wie Du vorher warst. Was soll ich mit so einer Aussage anfangen? Was von Deinen Fähigkeiten wird zurückkommen, was nicht? Wirst Du jemals wieder arbeitsfähig sein? Jemals wieder Autofahren oder Maschinen bedienen? Was wird von Deiner Erinnerung zurückkehren? Ich weiß nicht, ob ich so furchtbar wütend wäre, wenn es diese Vorboten nicht gegeben hätte. Wenn sich meine Angst, dass Dir eines Tages was Schlimmes passiert, nicht auf so grausame Weise bestätigt hätte. Und damit kann ich im Moment nicht umgehen.

Wie wird es weitergehen?

Die Schwester auf Deiner Station sagt mir, dass ich die einzige Angehörige von allen ihren Patienten bin, die immer noch nicht gefragt hat, wie es weitergehen wird. Darauf habe ich keine Antwort, denn was soll ich darauf sagen. Ich nehme Tag für Tag, Stunde für Stunde, Moment für Moment. Wenn ich anfange, darüber nachzudenken, dann habe ich Angst durchdrehen. Aber es wäre auch gelogen, wenn ich sagen würde, daran habe ich noch überhaupt nicht gedacht. Es hängt so viel davon ab, wie es mit Dir weitergeht. Wie es gelingen wird, Deine Bluterkrankung zu behandeln. Wie viel man in Deinem Gehirn umlernen und umtrainieren kann. Vielleicht haben wir die längste Zeit unsere 108 qm große Wohnung gehabt. Wenn Du berentet werden solltest, dann werden wir sie uns nicht mehr leisten können. Dann müssen wir die monatlichen Kosten reduzieren und schauen, dass wir uns eine kleinere Wohnung suchen. Ich weiß nicht, ob Du jemals wieder arbeiten gehen kannst. Das weiß im Moment niemand. Es wird Stehen und Fallen mit Deinen Therapeuten und Deinem Willen. Im Moment halte ich mich daran fest, dass Du 72 Wochen Krankengeld bekommen wirst. Damit werden wir erst einmal in unserem zuhause bleiben können. Zumindest vorübergehend. Und ich weiß in manchen Augenblicken nicht einmal, ob ich den Weg mit Dir mitgehen kann und will. Weißt Du, die Ärzte tun sich leicht. Als sie mir erklärt haben, dass Du bereits vor langer Zeit schon kleine Hirninfarkte gehabt hast, die Dich so furchtbar verändert haben, haben sie mir gesagt, dass Du für all das, was Du mir die letzten Monate angetan hast, nichts mehr konntest. Du kannst Dich an die vielen Auseinandersetzungen und verbalen Verletzungen nicht mehr erinnern. Ich schon. Und ich habe keinen Schalter, den ich einfach umlege und all das Gesagte ist von meiner Festplatte auch verschwunden. So einfach ist das nicht. Wir waren immer wieder soweit, dass wir uns trennen wollten und die Scheidung einreichen wollten. Mir fallen so viele Momente ein, in denen ich das Gefühl hatte, ich kenne Dich überhaupt nicht mehr. Deine verletzenden Worte, die Welt, in der es nur Dich gab. Die Welt, in der ich eigene Wünsche und Bedürfnisse nicht äußern durfte. Nein. Falsch. Ich konnte sie äußern, aber sie haben Dich nicht mehr interessiert. Wir haben nichts mehr gemeinsam gemacht, waren nicht mal mehr ein

Stück Spazieren. Die letzten schönen Tage waren die Tage nach unserer Hochzeit, die wir in Südtirol verbracht haben. Wir haben gelacht, waren wandern, haben so viel geredet. Und nichts davon ist geblieben. Nichts.

Igel oder Schnecke

23. November 2015. Als ich gestern Abend in einem sozialen Netzwerk mein Titelbild geändert habe, wusste ich nicht, was gerade passender ist. Erst dachte ich: Oh, ein Igel als Foto wäre nicht schlecht, denn wenn es ihm zu viel wird, dann rollt er sich zusammen und zeigt nach außen seine Stacheln. Die, die ihn angreifen, pieken sich ordentlich in die Finger und sind dann erst einmal eine Runde mit sich selbst beschäftigt. Kurze Zeit später dachte ich: Nein, der Igel passt doch nicht. Zumindest nicht in diesem Moment und damit auch nicht zu mir. Da fiel mir das Schneckenhaus in die Hände, das ich vor einigen Wochen, als sich meine Welt noch „normal" drehte, bei einem Spaziergang gefunden hatte. Und damit hatte ich das Bild, das ich im Augenblick als so passend für mich empfinde. Wenn es der Schnecke zu bunt wird, zieht sie sich in ihr Häuschen zurück und kommt so schnell auch nicht mehr heraus. Aufgrund der Ereignisse der letzten Wochen bin ich angreifbarer geworden als jemals zuvor. Und auch verletzbarer. Und manchmal denke ich, es ist irgendwie ein ungeschriebenes Gesetz, dass das eine nicht ohne das andere geht. Zeit hat für mich im Augenblick eine völlig andere

Bedeutung als noch vor wenigen Wochen. Meine Zeit hat keine Zeiger mehr, ist auf keinem Zifferblatt, zeigt kein Datum und hält sich an keine Frist. Ich plane nicht mehr, sondern nehme Minute für Minute und Moment für Moment. Es ist eigentlich verrückt, wie sehr sich solche Dinge „verschieben" können und wie unwichtig sie werden können. Und es gibt Momente, in denen ich mir einen sicheren Hafen wünsche. Einen Hafen, den ich ansteuern und den Anker werfen könnte. Aber den gibt es im Augenblick nicht, denn ich muss mir selbst der Hafen und der Anker sein.

Aber vielleicht ist es meine Lernaufgabe, jetzt die Dinge, die ich nicht verändern kann, genau so hinzunehmen wie sie sind. Geduldig zu sein und darauf zu vertrauen, dass alles sich fügen wird. Oscar Wilde sagte einst: „Am Ende wird alles gut. Wenn es nicht gut wird, ist es noch nicht das Ende." Und bestimmt hat er recht. Er *muss* recht haben.

"Passen Sie auf sich auf!"

22. November 2015. Niemals hätte ich geahnt, wie viel Kraft es mich kosten würde, meinen eigenen Alltag bewältigen zu können. Vor wenigen Monaten hast Du mir an den Kopf geschmissen, dass Du keine kranke Frau willst. Das hat weh getan. Sehr weh. Du hast mir auch immer wieder gesagt, dass ich "falsch denke", denn meine Erkrankung sei ja schließlich heilbar. Nein, ist sie nicht, weil sie eine Autoimmunerkrankung ist. Ich werde mit ihr leben müssen und mit ihr eines Tages sterben. Aber Du hattest Dich schon so dermaßen in Deiner esoterischen Welt verrannt, dass es gar keinen Sinn mehr machte, mit Dir darüber zu diskutieren. Die letzten Tage sagen mir meine und auch Deine Ärzte: „Passen Sie gut auf sich selbst auf." Ich weiß, was sie meinen. Meine Erkrankung bricht aus bei Stress. Und den habe ich die letzten Monate gehabt und seit dem 7. November extrem. Ich weiß auch nicht, ob ich noch einen Schub überleben werde. Dafür waren die beiden letzten viel zu schlimm und haben dafür gesorgt, dass ich jetzt berentet bin. Ich versuche, die vielen Stunden, die ich bei Dir verbringe, etwas zu reduzieren, weil ich es nicht mehr schaffe, täglich fast einen Arbeitstag bei

Dir zu verbringen. Mit dem Essen bin ich nachlässig geworden, weil es sowieso keinen Spaß macht, für mich alleine zu kochen. Ich esse ungesund, manchmal hole ich mir in der Krankenhauskantine ein Brötchen und abends irgendwas. Für mehr reicht im Moment meine eigene Kraft nicht mehr. Manchmal gelingt es mir, kleine Auszeiten zu schaffen. Wenn meine eigenen Wunden es zulassen, verkrieche ich mich manchmal in der Badewanne. Aber es fällt mir so schwer, das zu genießen, was ich früher so geliebt habe. Ein gutes Buch zu lesen gelingt mir schon lange nicht mehr. Ich habe es wirklich versucht. Aber immer wieder und wieder lese ich denselben Satz, weil ich mich nicht konzentrieren kann. Ich stricke an Deinen Socken, aber das Strickzeug liegt bei Dir, es ist Deine „Garantie", dass ich wiederkomme. Ich weiß, was es bedeutet, dass "auf sich aufpassen" und weiß nicht, wie ich es umsetzen soll. Komme ich mal ein wenig später, passt es Dir schon nicht. Knapse ich eine Stunde am Nachmittag ab, sagst Du: "Was, Du willst schon gehen?" Ich kann Dich verstehen, so gut sogar, aber ich habe gerade das Gefühl, gar kein eigenes Leben mehr zu haben. Es scheint mir von Tag zu Tag mehr zu entgleiten. Obwohl ich manchmal ein bisschen weniger Zeit bei Dir verbringe, reichen diese "gewonnenen" Stunden nicht einmal ansatzweise, um meine Akkus, die so leer sind, wieder aufzutanken. Ich gehe mit den Hühnern ins Bett, schaue manchmal noch einen Film, wobei ich da nicht mehr als 20 Minuten schaffe, weil ich vorher einschlafe. Das Einschlafen ist gar nicht mein Problem, sondern das Durchschlafen, weil ich alle zwei bis drei Stunden wachwerde und dann ewig auf die nächste Runde Schlaf warten muss. Bei schönem Wetter könnte ich einen kleinen Spaziergang machen, aber ich habe die Kraft nicht mehr dafür. Ich schaffe es ja nicht einmal mehr, einkaufen zu gehen. Bis zum Parkplatz des Einkaufscenters reicht meine Kraft manchmal noch, aber nicht mehr, um auszusteigen und einzukaufen. Also starte ich den Motor wieder und fahre nach Hause. Manchmal sitze ich da und denke: Hey, ich müsste noch Betten beziehen, Fenster putzen und mal Staubwischen und -saugen. Ich schaffe es nicht mehr. Die einzige Chance, die ich habe, sind die frühen Morgenstunden, bevor ich zu Dir komme. Am Nachmittag ist es unmöglich für mich, auch nur die geringste Kleinigkeit im Haushalt zu erledigen. Wenn ich von Dir komme, sitze ich oft einfach nur auf unserem Sofa und bin unfähig, irgendetwas von dem, was man Alltag nennt, geregelt zu bekommen. In meinem Kopf rotieren die Gedanken und ich bekomme keine Ruhe rein. Ich zermartere mir das Hirn, wie es weitergehen kann und soll. Es gibt Momente, in denen ich einfach nur weg möchte. Ganz weit weg. Weil ich den Alltag, wie er jetzt ist, nicht mehr ertrage.

Wenn Träume leise sterben

26. November 2015. Nicht alles geht immer mit einem lauten Schlag kaputt. So wie vor ein paar Wochen, als ich mit Schwung den unteren Korb aus dem Geschirrspüler gezogen habe und sich sämtliche Teller auf dem Fußboden wiedergefunden haben. Das war so ein lauter Knall, dass ich dachte, alle Nachbarn hat es aus den Betten katapultiert. Und eigentlich hatte ich fest damit gerechnet, dass mindestens einer an der Tür klingelt und fragt, ob wir noch leben. Seitdem haben wir weniger Geschirr und nur noch wenig wirklich Heiles. Manchmal ist es sehr viel stiller, sehr viel ruhiger und es geht dennoch etwas kaputt. Ohne dass es ein anderer hören kann. Es passiert in einer stillen Minute. In der, in der man anfängt, nachzudenken. Niemand bekommt es mit, es gibt keinen lauten Knall und dennoch ist er da. Der Moment, in dem begreift, dass alles anders geworden ist und nie mehr so sein wird wie früher. Es fühlt sich an wie ein Stich mitten ins Herz, weil man anfängt zu verstehen. Wir hatten so viele Träume, so viele Ziele, so viele Pläne. Jeder für sich und doch gemeinsam. Wir dachten, wir hätten noch so viel Zeit. Wir haben immer gesagt, wenn wir keine Träume mehr haben,

dann haben wir aufgehört zu leben. Um weiterleben zu können, werden wir neue Träume brauchen. Neue Ziele und neue Pläne. Und es gibt Momente, in denen mir alle die alten Träume, die uns einst so wichtig waren, so belanglos scheinen. Wir haben so viel aufgeschoben auf später. Später. Jetzt ist es später und unsere Träume sind still und leise gestorben. Ich weiß nicht, ob wir sie noch einmal so träumen werden und ob sie jetzt überhaupt noch so wichtig sind. Meine Wünsche und Träume sind so klein geworden. Sie sind keine Luftschlösser mehr, die irgendwann und irgendwo heißen, sondern einfach nur noch gemeinsam mit Dir.

528 Stunden

29. November 2015. 528 Stunden, das sind 22 Tage oder auch 3 Wochen und ein Tag seit Stunde Null – seit dem 7. November. 528 Stunden Angst, Hoffnung, Bangen, Kämpfen, Funktionieren, Schwanken zwischen Weitermachen und Aufgeben wollen, Weinen, Verzweiflung, so müde sein, dass die Tränen kommen, Probleme lösen, Entscheidungen treffen, eigene Termine verschusseln. Abends ins Bett fallen, nicht durchschlafen können, morgens aufstehen, auf den neuen Tag hoffen – dass er besser wird und nicht so viel Kraft kostet wie der davor. Aber es heißt auch: 528 Stunden, die andere Menschen mitgetragen haben – mich, meine Emotionen und meine Gedanken ausgehalten haben und immer noch aushalten. Ich weiß nicht, wie lange ich sie noch brauchen werde, geschweige denn, wie ich ihnen jemals danken könnte. Und auch wenn ich Momente habe, in denen ich mich so furchtbar alleine fühle, dass es weh tut – ich bin es nicht. Ich bin nicht alleine! Das ist vielleicht die wichtigste Erfahrung, die ich gerade machen darf. Ich brauche derzeit einen doppelten Boden. Das ist meine Rückversicherung, weil mich immer noch vieles zu erschlagen droht. Heute ist der 1.

Advent – und das erste Jahr erinnert zuhause nichts an Weihnachten. Kein Adventskranz, es riecht nicht nach frisch gebackenen Plätzchen, es gibt keinen Weihnachtsschmuck, keine Lichter, die abends sanft schimmernd an die Vorweihnachtszeit erinnern. Ich weiß nicht, wie Weihnachten dieses Jahr werden wird. Wie Heilig Abend, die Feiertage, der Jahreswechsel, Neujahr. Ich versuche mir einzureden, dass es im Augenblick wirklich Wichtigeres gibt, dennoch macht es mich traurig. Ich könnte es zuhause ändern, losrennen und irgendwo noch einen Adventskranz kaufen, Anfangen, die Weihnachtsdekoration aus dem Keller zu schleppen und unser zuhause noch schön – und weihnachtlich - schmücken. Aber es wäre dennoch nicht wie immer. Wenn Weihnachten die Zeit der Wunder ist, dann mag ich mich daran festhalten – und dazu brauche ich nichts, was nach Weihnachten aussieht, denn es wird dazu nicht nötig sein.

Es wird Zeit für mich

1.Dezember 2015. Die Dinge haben sich verändert – ich habe mich verändert. Als ich begonnen habe, auf meinem Blog meine Gedanken und meine Gefühle aufzuschreiben, war es der Beginn meines Weges, die Dinge, die in meinem Leben geschehen sind, ansatzweise verstehen und verarbeiten zu können. Ich habe so viele Nachrichten bekommen, dass ich es niemals schaffen werde, sie alle persönlich zu beantworten. Viele meiner Beiträge gingen quasi rund um die Welt und ich kann mich an eine Nacht erinnern, in der mit Sicherheit hunderte von Kerzen gebrannt haben. Für mich und für Dich. Und ich glaube, es wird Zeit für mich, an dieser Stelle von Herzen Danke zu sagen. Es fühlt sich gerade so wenig an, was ich zurückgeben kann, denn nur ein geschriebenes oder gesprochenes Danke kommt niemals auch nur annähernd dem gleich, was ich für so viele Menschen gerade empfinde. Auch wenn viele meiner Engel so weit weg sind, dennoch sind sie da und haben einen festen Platz in meinem Leben – und in meinem Herzen. Ich habe es mittlerweile geschafft, viele Dinge nicht mehr selbst mit mir auszumachen, sondern auch meine Engel-Telefon-Nummern zu nutzen. Und wer mich kennt, weiß, wie schwer es mir fällt. Aufgrund so vieler eigener Erlebnisse fällt es nicht leicht, wieder zu Vertrauen und sich aus dem eigenen Schneckenhaus herauszuwagen. Ich weiß nicht, was noch kommen wird und wie lange ich meine Engel noch brauche, um wieder festen Boden unter den Füßen zu bekommen. Aber ohne sie wäre ich niemals bis heute gekommen, das weiß ich sicher. Ich habe immer geglaubt, in Ausnahmezuständen sollte man sich nicht anderen zumuten, weil eigentlich jeder von uns sowieso schon sein eigenes Päckchen zu tragen hat, ob leichter oder schwerer. Aber ich habe verstanden, ich darf – und es hilft ungemein. Ich danke ihnen von Herzen!!!

Weinen verboten

5. Dezember 2015. Manchmal wünschte ich, ich wäre eine Maschine. Emotionslos, fehlerfrei, funktionierend und am besten noch mit Garantieschein, für den Fall, dass doch mal was bei mir kaputtgeht. Man könnte mich morgens aktivieren und abends, wenn man mich nicht mehr braucht, einfach abschalten. Die Realität ist eine andere. Seit 4 Wochen erlebe ich ein Wechselbad der Gefühle. Wut, Verzweiflung, Angst, Hoffnung, Glauben, Trauer. Manchmal könnte ich mir selbst wohin beißen, weil ich es nicht schaffe, die Ruhe zu bewahren, ein Stück Gelassenheit an den Tag zu legen oder mit meiner Wut oder meinen Tränen vernünftig umzugehen. Immer wieder könnte ich einen Boxsack gebrauchen, um mich abzureagieren, weil ich so wütend bin. Dann gibt es wieder Momente, in denen ich mit dem Auto an einen nahegelegenen See fahre, um mich auszuweinen, denn zuhause habe ich mir das Weinen verboten, weil Du jetzt da bist. Und Du sollst meine Tränen nicht sehen. „Frau Beck, Ihnen fehlt Distanz und Professionalität" – und das sagt mir jemand, der als Therapeut tätig ist. Da meine eigene Höflichkeit derzeit auch nicht als überschwänglich zu bezeichnen ist, habe ich

zurückgeschossen: „Ach wirklich, dann stellen Sie sich doch einfach mal vor, es würde Ihre Frau betreffen." Schweigen. „Naja, das ist dann ja was anderes." „Ach was? Dann überlegen Sie sich doch einfach das nächste Mal, was Sie sagen." So einfach ist das. Seit 4 Wochen sitze ich auf einem Scherbenhaufen und hoffe, er wird irgendwann kleiner. Ich habe mir selbst strikte Regeln im Alltag auferlegt, um irgendwie klar zu kommen. Versuche, mich an Ritualen festzuhalten, die ich mir geschaffen habe, um alles geregelt zu bekommen, was anliegt. Versuche zu Hoffen, zu Glauben, zu Lieben, mit meinen eigenen Emotionen klar zu kommen und stark für zwei zu sein. Heute Mittag habe ich ein paar Stunden geschlafen wie tot und hatte einen wunderbaren Traum. Wir waren in Amerika. Das Ticket hatten wir irgendwo gewonnen und wir hatten ein Zimmer ganz oben im Hotel mit einer unglaublichen Aussicht auf New York. Das Hotelzimmer war riesig und wunderschön. Wir standen am Fenster und schauten auf diese riesige Stadt. Dann liefen wir durch die Straßen, machten Bilder und futterten uns in einem Restaurant quer durch die Speisekarte. Ich werde wach und will Dir von meinem Traum erzählen, doch es geht nicht mehr. Das sind die Momente, in denen ich mir so schwer tue, mich an mein eigenes Verbot zu halten – zuhause Weinen verboten. Weil ich Angst habe, wenn ich damit anfange, kann ich nicht mehr aufhören. Und das sind die Augenblicke, in denen ich feststelle: Ich bin auch nur ein Mensch…

Fliegen mit nur einem Flügel

9. Dezember 2015. Fliegen mit nur einem Flügel, das ist gerade verdammt schwer. Manchmal möchte ich zum Fliegen ansetzen und bleibe aber auf dem Boden sitzen, bewege mich keinen Zentimeter. Dann versuche ich, Kraft zu schöpfen, nehme erneut Anlauf und mache dann einen neuen Versuch. Komme vielleicht ein paar mickrige Meter weit auf der Startbahn, hebe ein paar Zentimeter ab, gerate ins Trudeln und stürze wieder ab. Noch habe ich meine Balance nicht gefunden und noch ist das Paket zu schwer. Ich habe noch keinen Weg gefunden, um auch nur ansatzweise ins Gleichgewicht zu kommen. Immer noch nicht. Denn immer, wenn ich versuche, etwas Ballast abzuwerfen, bekomme ich ein neues Paket geliefert, das es zu schultern gilt mit dem Vermerk: Rückgabe ausgeschlossen. Ich werde es aber lernen müssen, nur noch mit einem Flügel weiterfliegen zu können, denn ich kann nicht für immer auf dem Boden sitzen bleiben, umgeben von einem Riesenberg Paketen. Sie halten mich auf dem Boden und ich habe das Gefühl, mit diesem Gewicht werde ich niemals starten können. Also müssen sie weniger werden. Es gibt viele Augenblicke, in denen ich

mich so sehr danach sehne, die Flügel auszubreiten und zu starten, dass es beinahe weh tut. Aber mein Gedanke von „Das ist alles nicht mehr fair" wird weniger, weil er mich nur traurig macht. Und es macht so wenig Sinn, sich den Kopf über Fairness im Leben zu zerbrechen. Was ist fair? Sorgenfrei zu leben und ohne Tiefschläge? Ist fair immer auf der Sonnenseite zu stehen? Seltsamerweise habe ich nie nach dem Warum gefragt, vielleicht weil ich weiß, dass es auf diese Frage sowieso niemals eine Antwort geben wird. Auch wenn ein Flügel fehlt, muss es möglich sein, zu fliegen. Vielleicht wird der eine Flügel dann einfach stärker und man muss ihn nur lange genug trainieren und einfach noch viel mehr üben. Vielleicht sieht es unbeholfen aus und braucht noch eine Menge Zeit, aber es wird möglich sein, weil es möglich sein muss.

Blackout

20. Dezember 2015. Heute ist der 4. Advent und es sind noch genau vier Tage bis Heilig Abend. Letztes Jahr um diese Zeit habe ich Plätzchen gebacken und wir haben Pläne gemacht. Was wir essen werden, wann wir wen in welcher Reihenfolge besuchen und was wir im neuen Jahr alles vorhaben. Heute ist es genau ein Jahr später und immer noch gibt es nichts, was in der Wohnung auch nur ansatzweise an Weihnachten erinnert. Stattdessen habe ich heute unser Zuhause geputzt und gewienert, weil ich das Nichtstun nicht mehr aushalten kann. Ich wünschte, ich könnte sagen, es gab bis heute Tage ohne Tränen. Aber das wäre gelogen und ich glaube, mein persönlicher Rekord liegt bei knapp zwei Tagen, an denen ich nicht geweint habe. Du hast mir gestern Morgen am Telefon vorgeworfen, dass unsere Gespräche die letzten Tage so kurz waren. Du hast recht: Ich wollte nicht, dass Du mitbekommst, dass ich selbst im Krankenhaus war. Du solltest nicht das Piepen der Geräte hören, die im Zimmer waren. Wenn Du angerufen hast, habe ich ein Kissen auf das Gerät gelegt und den Schwestern signalisiert, leise zu sein. Die letzten Wochen haben Kraft gekostet – sehr viel Kraft. Mehr, als ich selbst

hatte. Letzten Donnerstag kam der Blackout — und er hat mir Angst gemacht, weil er mir meine eigenen körperlichen und seelischen Grenzen aufgezeigt hat. Ich war noch bei Dir und hatte in der Klinik ein Gespräch mit dem Chefarzt. Ohne Dich. Ich wollte wissen, was mich erwartet, wie Deine Prognosen sein würden, wie es weitergehen würde nach Deiner Reha. Ich werde nie vergessen, wie ich in dem Flur vor seinem Zimmer saß, peinlich darauf bedacht, dass Du mich nicht durch Zufall siehst. Und ich werde nie den Moment vergessen, in dem ich vor seinem Schreibtisch saß und die schonungslose Wahrheit erfahren habe. Ich war danach einkaufen und wollte noch spazieren gehen. Und das war der Moment, in dem nichts mehr ging. Es fühlte sich an, als ob jemand den Stecker gezogen hat. Ich wollte aus dem Auto aussteigen und ich konnte es nicht mehr. Einer meiner Engel hat reagiert, weil ich noch gemerkt habe, dass etwas anders ist und er hat mir Hilfe geschickt, weil ich ihn in meiner Not angerufen habe. Hilfe in Form eines Rettungswagens. Es hat mir Angst gemacht, als er mir am nächsten Abend dann erzählt hat, dass wir fünf Mal telefoniert haben und ich habe so gut wie keine Erinnerung mehr daran gehabt. Jetzt habe ich

Listen erstellt für alles und jedes. Esslisten, Trinklisten, Handylisten – meine Engel haben jetzt Kurzwahlnummern und stehen alle untereinander – Schlüssellisten, wer im Notfall in die Wohnung kann, eine Liste fürs Auto, was ab sofort nicht mehr fehlen darf. Weil ich Angst habe, dass mir das noch mal passieren könnte. Ich wünschte ich könnte noch eine Liste erstellen, damit alles nicht mehr so viel Kraft kostet, es leichter wird und nicht mehr so furchtbar schwer, aber diese Liste gibt es noch nicht. Aber ich habe meine Engel-Liste – und alle Engel tragen und schützen. Immer noch. Auch wenn ich mich manchmal frage, wo sie die Kraft hernehmen, das alles mitzutragen und auszuhalten, zu handeln, wenn ich in Not bin, ich Momente habe, in denen alles in tausend Stücke zu zerbrechen droht – einschließlich mir selbst. Nichts ist ein solches Geschenk, wie diese Menschen an meiner Seite zu wissen – was auch immer noch kommen mag.

Weihnachten ganz anders

Als ich erfahre, dass Du über Weihnachten nach Hause darfst, ist es nicht die Freude über Dein nach Hause kommen, sondern die nackte Panik, die sich in mir breit macht. Weil ich keine Ahnung habe, wie es mir Dir zu Hause funktionieren soll. Wir gehen mittlerweile um wie zwei Fremde. Nichts mehr erinnert mich an den Mann, den ich gerade mal vor drei Jahren geheiratet habe. Es ist so schwierig mit Dir geworden. Aber über Weihnachten darfst Du nach Hause. Ich bin nicht gefragt worden, ob ich mir das zutraue. Ich werde nicht darüber aufgeklärt, auf was ich aufpassen soll oder muss. Ich weiß nicht, wie und ob Du Dich zuhause orientieren kannst. So wird dieses Jahr Weihnachten zur Herausforderung. Heilig Abend wird unendlich traurig und hätte mir vor einem Jahr jemand gesagt, wie dieses Jahr Weihnachten wird, ich hätte denjenigen für verrückt erklärt. Wir haben uns vorgenommen, den Heiligen Abend bei den Kindern zu verbringen. Also hole ich Dich am 23.12. ab. Du hast beschlossen, von Weihnachten bis Neujahr zuhause zu verbringen. Die Ärzte haben nichts dagegen. Ich fühle mich überfahren und überfordert, weil mich keiner gefragt hat, ob ich das will. Von mir wird erwartet, dass ich nichts anderes als zustimmen kann. Wie es mir damit geht, interessiert niemanden. Und es wird eine immense Herausforderung für mich. Als ich in Dein Zimmer in der Reha komme, sind alle Schränke leer. Du hast nicht nur Deine dreckige Wäsche – wie immer – eingepackt, sondern alles. Ich kann Dir nicht erklären, dass Du wieder in die Reha zurück musst und ich habe keine Kraft mehr zum Diskutieren. Ich schleppe Deine Taschen und behalte Dich im Auge. Du möchtest mein Auto nach Hause fahren – ich muss Dich wieder daran erinnern, dass Du derzeit keinen Führerschein hast und nicht fahren darfst. Wieder eine endlose Diskussion. Und ich bin so müde von den vielen sinnlosen Diskussionen und Auseinandersetzungen. Ich hatte nie was dagegen, dass wir im Auto rauchen, aber ich habe was dagegen, dass Du die Asche fallen lässt. Du zündest Dir eine Zigarette an und vergisst, an ihr zu ziehen. Die Glut ist endlos und sie fällt einfach ab und brennt sich in den Beifahrersitz. Manchmal vergisst Du auch, sie anzuzünden und sitzt einfach auf dem Beifahrersitz und starrst vor Dich hin. Dein Blick, Dein Starren macht mir manchmal Angst, weil ich keine Ahnung mehr habe, was in Dir vorgeht. Was Du denkst, was Du fühlst. Wie wirst Du Dich zuhause verhalten? Wirst Du Dich zurechtfinden? Wir haben ausgemacht, den Heiligen Abend bei den Kindern zu verbringen. Um 16.30 Uhr wollen wir los. Die Geschenke für alle liegen schon parat. Um kurz nach 13.00 Uhr lege ich mich kurz hin. Ich bin so unendlich müde, dass ich kaum noch gerade gucken kann. Und ich kann Dich nicht ständig im Auge behalten, jeden Schritt von Dir überwachen. In meinem Bett höre ich Dich herumlaufen. Höre die Küchenschränke klappen, höre die Balkontür. Kurz nach 15.00 Uhr werde ich wach. Ich muss eingeschlafen sein. Eigentlich wollte ich mich nur einen Moment ausruhen. Ich höre keine Geräusche mehr in der Wohnung. Beunruhigt gehe ich durch die Wohnung, schaue in alle Zimmer, ins Bad, in die Küche. Du bist nicht da. Panik schießt in mir hoch. Wir hatten ausgemacht, dass Du die Wohnung erst einmal nicht verlässt. Ich weiß nicht, wo Du bist, ob Du wieder zurückfindest, was Du vorhast. Hektisch rufe ich die Kinder an und sage, dass Du weg bist. Ich habe keine Ahnung, was ich jetzt machen soll und vereinbare mit den Kindern, das ich Dich erst einmal anfange zu suchen und sollte ich Dich bis 17.00 Uhr nicht gefunden habe, würde ich die Polizei einschalten. Ich setze mich in mein Auto und weiß nicht einmal, in welche Richtung ich fahren soll. Ich weiß auch nicht, wie lange ich durch die Gegend fahre und Dich letztlich in einer Seitenstrasse entdecke. Erleichterung macht sich in mir breit. Und Wut. Es war gegen die Abmachung, die wir hatten. Als ich neben Dir halte und Du einsteigst, kannst Du nicht verstehen, warum ich mir Sorgen gemacht habe. Wir fahren zu den Kindern und ich bin einfach nur noch unendlich traurig. Ich weiß nicht, wie lange ich das so mit Dir aushalte. Ich kann nicht 24 Stunden am Tag auf Dich aufpassen. Innerlich bin ich dabei, zu zerbrechen.

25. Dezember 2015. Ich schreibe in meinen Blog: Weihnachten 2015. Und alles ist anders. Es fehlt nicht nur die klirrende Kälte, der Schnee, der knirschend und knarrend antwortet, wenn man über ihn läuft und der geschmückte Weihnachtsbaum, sondern es fehlt so viel. Die Weihnachtstage waren schon immer eine große Herausforderung für mich, weil es die Tage sind, an denen mir meine eigenen Liebsten am meisten fehlen. Ich erinnere mich an meine eigene Kinderzeit und die Menschen, die damals noch da waren. An das Lachen, das Herzklopfen

beim Geschenke auspacken und an das stille Hoffen, dem Christkind doch noch selbst zu begegnen, bevor es wieder entwischt ist. An Weihnachtsspaziergänge durch Eiseskälte und den Besuch in der Kirche. An Schlittenfahrten und heißen Kakao. Dieses Jahr Weihnachten ist alles anders. Dieses Mal heißt Weihnachten Stille, versuchen zu begreifen und zu verstehen. Es heißt, Dich zu lassen, weil Du in Deiner eigenen Welt bist, in der ich nur noch so wenig Platz habe. Es heißt loslassen, weil ich verstehe, dass ich so vieles nicht mehr ändern kann. Es heißt lächeln, und die Momente, in denen ich innerlich zerbreche, nicht zu zeigen. Es heißt sich besinnen, auf das, was geblieben ist und was bleiben wird.

Aber es heißt auch: Dankbar sein. Nicht für Geschenke, so wie es früher vielleicht einmal war. Sondern dankbar sein für viele Momente, die dennoch bleiben werden. Dankbar für die Menschen, die es in meinem Leben gibt und die an meiner Seite gehen. Dankbar für meine Engel, die da sind, wenn ich sie brauche. Ich durfte wahren Engeln begegnen, und das ist ein Privileg. Ich glaube, ich bin durch so viele Begegnungen dieses Jahr reicher beschenkt worden, als es mit Geld jemals möglich gewesen wäre. Und das ist mein allerschönstes Weihnachtsgeschenk. Als ich diese Zeilen veröffentliche, muss ich weinen.

Zwischen den Jahren – zwischen den Stühlen

29. Dezember 2015. Alles geht wieder langsamer. Zumindest scheint es so. Die hektische Betriebsamkeit der Vorweihnachtszeit und der Feiertage ist verflogen und alles wirkt ruhiger. Der Begriff „zwischen den Jahren" erinnert mich dieses Jahr an „zwischen den Stühlen." Und genau so fühle ich mich auch. Ich hänge fest – entweder zwischen den Jahren oder den Stühlen. Gefühlt macht es gerade keinen Unterschied. Normalerweise war diese Zeit für mich immer auch der Moment der Rückschau auf das Jahr und des Bilanzziehens. Aber ich weigere mich, das auch dieses Jahr zu tun. Immer noch. Und normalerweise war diese Zeit auch immer die Zeit der guten Vorsätze für das neue Jahr, die Zeit des Pläneschmiedens und die Zeit der Ideen. Viele neue Ideen fanden ihren Ursprung genau in dieser Zeit. Dieses Jahr nicht. Ich versuche, mich an Augenblicke zu erinnern, die ich festhalten und weiter im Herzen tragen kann. An Momente, die ein Stück Sonne bedeuten. An Begegnungen, die so wertvoll waren, dass ich sie nie vergessen werde. An Menschen, die mir das ein oder andere ein Lachen entlocken konnten und mich kurz

vergessen ließen. Wenn es Silvester 0.00 Uhr ist, werden mich diese vielen Momente ins neue Jahr begleiten. Weiterhin in der Gewissheit, dass ich nicht alleine bin. In der Gewissheit, dass es weitergehen wird. In der Hoffnung, im richtigen Moment die richtigen Entscheidungen zu treffen und die Kraft zu haben loszulassen, was losgelassen werden will und was ich nicht mehr festhalten kann.

„Ich wünsche Dir so viel Glück wie der Regen Tropfen hat,   so viel Liebe   wie   die   Sonne   Strahlen   hat und so viel Freude, wie der Himmel Sterne hat." (Autor unbekannt).

An Silvester gehe ich um 22.00 Uhr ins Bett, weil ich keine Kraft mehr habe. Ich mag nicht mehr diskutieren, verbieten, aufpassen – ich will nicht mehr. Und ich kann auch nicht mehr..

Meine Zeit ist gekommen

2. Januar 2016. Meine Zeit ist gekommen. Um Loszulassen, was ich nicht mehr aufhalten und festhalten kann. Um zu verstehen, dass ich so Vieles nicht mehr ändern kann. Um Aufzuhören mit dem Kämpfen gegen einen Gegner, gegen den ich gar nicht gewinnen kann und wahrscheinlich auch nie eine Chance hatte. Um zu Begreifen und wirklich zu verinnerlichen, dass es Menschen an meiner Seite gibt, die die richtigen Entscheidungen treffen und handeln werden, wenn ich es nicht mehr vermag. Um den Schmerz zuzulassen und auch ihn zu akzeptieren. Ihn nicht mehr weiter beiseite zu schubsen, wenn er mir in meinem immer noch vorhandenen „Funktionsmodus" in die Quere kommt. Um mich selbst nicht zu vergessen. Um endlich zu lernen, zu sagen: Bitte hilf mir.

„Wissen bedeutet nicht automatisch Können" – An diesem Satz und seinem schwerwiegenden Inhalt habe ich mir die letzten Wochen die Zähne ausgebissen. Und es hängt nicht am Wissen, sondern an dem Teil in mir, der sagt: „Ich kann nicht!" So selten habe ich gedacht, ich kann etwas nicht. Ich dachte immer, ich muss nur etwas genügend wollen, dann kann ich es auch. Getreu dem Motto: Wo ein Wille ist, ist auch ein Weg. Aber dieses Mal ist es anders. Ich habe versucht, mir Brücken zu bauen, mich gewunden wie ein Aal, die Dinge, die jetzt anstehen und zu tun sind, umzusetzen. Letzte Woche konnte ich noch sagen: Das mache ich nächstes Jahr. Es hörte sich so gut an, so weit weg. Aber jetzt ist es da, das neue Jahr. Das Paket ist nicht leichter geworden und der Postbote liefert fleißig weiter ab. Wie viel erträgt ein Mensch? Wie viel ertrage ich. Diese Frage habe ich mir nie wirklich gestellt, weil es nie darum ging, wie viel ich ertragen kann, sondern darum, wie ich jeden neuen Tag schaffe, ohne an ihm zu zerbrechen. Silvester war für mich immer ein ganz besonderer Tag. Es gab immer eine große Neugier auf das neue Jahr – es fühlte sich an wie eine Geschenkschachtel, die gefüllt werden will. Mit Träumen, Ideen, Plänen und Zielen. Dieses Jahr war sie leer. So leer wie ich. Ich weiß noch nicht, mit was ich sie füllen kann und werde. Aber vielleicht ist es gut, einfach mit leeren Händen – und einer leeren Schachtel – in das neue Jahr zu gehen und mich einfach überraschen zu lassen.

6. Januar 2016. Ich habe es vergessen. Vergessen, was Leben wirklich bedeutet und dass es so viel mehr ist als Kämpfen, Aushalten,

Bangen, Hoffen und Beten. Es heißt auch Loslassen können. Es heißt Stunden zu erleben, in denen man kurz vergessen kann, was seit Anfang November und den Monaten davor geschehen ist. Es bedeutet so viel Licht nach den grauen und dunklen vergangenen Wochen zu erleben. Es heißt, zu Lachen über Mögliches und Unmögliches, im Moment zu sein und einfach auch mal wieder Spaß zu haben. Es bedeutet eine Zeitspanne fern von Krankenhaus, Rückzug, Nachdenken und der emotionalen Achterbahn. Es heißt, sich wieder unter Menschen zu trauen, Neues zu entdecken und sein Schneckenhaus zu verlassen. Habe ich verlernt zu leben? In so kurzer Zeit? Ja. Habe ich. Ich habe mich verloren. Und ich werde Zeit brauchen, um mich wiederzufinden. Es ist eine so traurige Erkenntnis. So viel gegeben und mich selbst verloren in einem Alltag, der so schwer geworden ist. Ich habe die ersten Termine für Dreharbeiten wieder angenommen, weil es auch noch mein eigenes Leben gibt. Meine Dinge, Bedürfnisse und Wünsche, die mir wichtig sind und soweit ins Abseits geraten sind. So hat meine Schachtel, die noch vor kurzem so furchtbar leer schien, mir etwas Wunderbares offenbart in den ersten Tagen des neuen Jahres.

Und ich habe verstanden: es darf leichter werden und muss leichter werden.

Tanz auf dem Drahtseil

24. Januar 2016. Die Liebe meines Lebens. Das warst Du. Zumindest dachte ich das. Ich erinnere mich an den Moment, in dem wir uns zum ersten Mal begegnet sind. Es war Sommer und ich bin exakt 367 km zu Dir gefahren. Du hattest im Internet einen Artikel gelesen, den ich geschrieben hatte und mir daraufhin geantwortet. Erst heute habe ich wieder das gelesen, was wir uns geschrieben haben. Das ist jetzt 8 Jahre her. Wir hatten beide Angst vor Liebe, weil sie uns beide schon so enttäuscht hatte. Aber wir waren dennoch mutig. Keine 17 mehr, nicht mehr blauäugig – wir wussten, jeder von uns bringt seine Geschichte, seine Erfahrung und sein Leben mit. Wir wussten, wir gehören zusammen. Alles fühlte sich auf einmal richtig an. Es gab kein richtig und kein falsch. Wir konnten uns so lassen, wie wir waren. Es gab kein Einengen, kein Misstrauen, sondern das, was wir beide gesucht hatten. Liebe. Bedingungslos, an keine Erwartungen geknüpft. Als wir vor drei Jahren geheiratet haben, haben wir uns auf dem Standesamt etwas versprochen: Wir wollen gemeinsam zusammen alt werden und mindestens die nächsten 45 Jahre zusammen verbringen. Ich glaube, ich war die

einzige Braut auf Gottes Erdboden, die eine ganze Stunde geweint hat. Es war der Moment, in dem mir meine eigene Familie gefehlt hat wie niemals zuvor und der Moment, in dem ich wusste, ich habe eine neue. Mit allem, was dazugehört. Und einen Mann an meiner Seite, der all das ist, was ich mir gewünscht hatte. Wir hatten dieselben Ziele, dieselben Träume und alles schien so leicht. Und nur so kurze Zeit später muss ich Dich loslassen. Irgendwie verstehen, dass ich Dich verloren habe, auch wenn Du körperlich noch da bist. Ich habe keinen Gegner, gegen den ich kämpfen kann, denn für Deine Erkrankung gibt es keine Heilung. Es fällt so schwer, Dich zu lassen. In Deiner Welt zu lassen. Zu akzeptieren, dass Du ein Fremder für mich geworden bist und ich im Alltag so oft an meine Grenzen stoße. Mir fehlt die Distanz – und die Erfahrung, mit Deiner Erkrankung irgendwie „gut" umzugehen. Es tut mir weh, wenn ich Dir Dinge verbieten muss, weil sie für Dich gefährlich werden könnten und Du es nicht mehr verstehst. Es macht mich unendlich traurig, Deine Reise in die Vergangenheit mitzuerleben. Es bringt mich zur Verzweiflung, Dich ständig an alles erinnern zu müssen. Es verletzt mich, was Du manchmal zu mir sagst, auch wenn ich weiß, dass Du dafür nicht mehr kannst. Manchmal will ich Dich wachrütteln, in der Hoffnung, ich kann Dich wieder in meine Welt holen. Und scheitere kläglich .Ich denke an das Versprechen. Unser Versprechen. Und mir tut das Herz weh, weil ich spüre, der Alltag mit Dir wird immer mehr zum Tanz auf dem Drahtseil. Und ich habe Angst, dass ich herunterfalle, weil ich die Balance nicht mehr halten kann.

Zuhause

Es ist jetzt Anfang Februar. Du freust Dich wie ein Kind, so sagst Du zumindest, als Du hörst, Du darfst endgültig nach Hause. Ich freue mich nicht, weil ich nicht weiß, wie es zuhause werden soll. Mir kommen die Tränen und ich schäme mich dafür, weil ich mich doch auch freuen sollte, wenn Du wieder zuhause bist. Aber ich kann mich nicht mehr freuen, weil sich so vieles, nein, alles verändert hat. Als ich Deine Sachen in der Reha-Klinik packe, bekomme ich das erste Mal Angst. Wie soll ich mit Dir umgehen? Was muss ich beachten? Auf welche Dinge ein Auge haben? Kann ich Dich stundenweise alleine lassen? Muss ich Angst haben, dass Du wieder wegläufst? Wie wirst Du selbst zuhause zurecht kommen? Wie wird Deine Orientierung in der alten vertrauten Umgebung sein? Ich erinnere mich an Weihnachten, die Zeit „zwischen den Jahren". Ich weiß, dass Du nicht mehr daran denkst, zu trinken. Und ich versuche, kleine Regeln für zuhause aufzustellen und ich bitte Dich, sie an sie zu halten, weil ich sonst nicht weiß, wie ich den Alltag mit Dir hinbekommen soll. Deine Reha ist vorbei und das große Wunder ist ausgeblieben. Du hast Dich in Dich selbst zurückgezogen, ich habe keine Ahnung mehr, was Du denkst, was Du fühlst. Wenn ich Dich mittags in der Klinik besucht habe, hast Du immer alleine am Tisch gesessen. In Deiner Jacke, den Beutel mit Deinen Sachen am Arm. Nichts um Dich herum interessiert Dich. Ich habe Angst, dass noch einmal ein Hirninfarkt kommt - irgendwie ist für mich die Kuh noch nicht vom Eis. Im Gegenteil. Zu wissen, dass Du – bis die Medikamente richtig greifen werden – irgendwie eine tickende Zeitbombe bist, macht es nicht leichter für mich. Auch wenn ich in unserer gemeinsamen Wohnung in einem anderen Raum bin, bin ich mit einem Ohr bei Dir. Höre auf jedes Geräusch, und sei es noch so klein. Ich bin in ständiger Alarmbereitschaft. Es haben sich Bilder in mir eingebrannt von dem Tag, als Du ins Krankenhaus gekommen bist und die ich nicht vergessen kann. Ich beschreibe diesen Tag immer noch als „Stunde Null" und diesen Namen wird dieser Tag auf ewig behalten. Und ich habe einfach Angst, dass er sich noch einmal wiederholen könnte. Die Ärzte und ich müssen Dir auch klarmachen, dass Du bis Mai kein Auto mehr fahren darfst. Deine Autoschlüssel habe ich Dir weggenommen und es sind für mich so unsagbar traurige Momente, weil ich das Gefühl habe, ich nehme Dir Deine Freiheit. Du bist immer so gerne und sicher Auto gefahren. Und ich beschließe, Dein Auto erst einmal stilllegen zu lassen. Die ersten Rechnungen für die Versicherung und die Kfz-Steuer sind ins Haus geflattert und es ist Geld, das wir jetzt anderweitig gut gebrauchen können. Ich mache den Fehler und spreche Dich auf Dein Auto an. Als ich es ausgesprochen habe, weiß ich in derselben Sekunde, es ist falsch. Dir ist es natürlich nicht recht und Du willst es nicht. Wie könnte es Dir auch nur ansatzweise „recht" sein? Aber es ist für mich so schwer, Entscheidungen treffen zu müssen. Bislang haben wir alles gemeinsam besprochen und entschieden. Und jetzt mit allem alleine dastehen zu müssen, ist für mich unglaublich schwer. Als ich abends mit Deiner Tochter spreche meint sie: Melde es einfach ab. Sie sieht es wie ich. Diskussionen bringen im Moment nichts außer Schmerz. Wenn ich nicht zerbrechen will, dann werde ich viele Dinge, die Du sagst, ignorieren müssen. Es sagt sich so leicht und ich wünschte, ich könnte mit vielem leichter umgehen. Du kritisierst mein Essen - im Krankenhaus das war besser. Als ich müde auf der Couch liege und mir die Augen vor Erschöpfung zufallen, höre ich von Dir: Ich habe Hunger und bevor Du jetzt einschläfst, will ich mein Essen. Und zwar sofort. Es tut weh, Dich so zu hören, weil ich weiß, so bist Du nicht. So warst Du nicht. Du bist mir so fremd geworden. Ich habe das Gefühl, ich bin mit einem Menschen verheiratet, den ich nicht mehr kenne. Immer wieder kommen in mir auch die Szenen der letzten Monate hoch, in denen Du mich verbal so schrecklich verletzt hast. Ich verdränge sie und packe sie auch nicht mehr auf den Tisch, weil es keinen Sinn machen würde. Ich weiß, dass das Dinge waren, die Du im Normalzustand nie gesagt hättest, aber dennoch kann ich sie nicht einfach wegwischen und es fällt schwer, sie ruhen zu lassen, weil sie tief in mir und an meiner Seele nagen. Wie gerne würde ich eine Entschuldigung von Dir hören. Dass es Dir leid tut und Du es nicht so gemeint hast. Aber das werde ich nicht und das weiß ich. Das zu akzeptieren fällt mir unsagbar schwer. Im Moment fehlt mir leider jegliche Sensibilität im Umgang mit Dir. Ich weiß es, kann es aber nicht ändern. Meine eigenen Emotionen überrollen mich, überfluten mich manchmal wie eine Lawine. Ich weiß, dass es falsch war, Dir bei meinem ersten Besuch in der Reha so viel an den Kopf zu werfen. Es sollte ein schöner Besuch werden. So war es eigentlich geplant. Aber auf dem Weg dorthin habe ich schon gemerkt, dass ich es nicht schaffe, die liebende Ehefrau zu sein, die Du jetzt vielleicht brauchst. Was heißt vielleicht. Und es tut mir leid, Dir alles so gesagt zu haben. Vielleicht musste meine Wut einfach raus und vielleicht gibt es auch keine Entschuldigung dafür. Dennoch war es falsch. Ich bin leider nicht sehr geübt im Umgang mit Dir und mit solchen Situationen. Es sollte so nicht passieren. Ich dachte, ich hätte in Deiner Familie auch meine Familie, die meine Verzweiflung, meine Tränen und meine Emotionen nicht nur versteht, sondern auch mitträgt. Aber dem ist nicht so und immer wieder tappe ich in die Falle, dass ich glaube, Du hast gerade einen "gesunden" Moment. Aber ich kann nicht verzeihen und außer Wut ist es gerade so wenig, was ich für Dich fühlen kann. Vielleicht hatte meine Wut, die ich an Dir ausgelassen habe, auch etwas Gutes, denn jetzt bist Du bereit zu kämpfen. Als ich Dir erzählt habe, dass Dein Führerschein eingezogen wird, hat Dich das am Meisten getroffen. Du willst ihn wiederhaben und hast in der Reha Gott und die Welt verrückt gemacht, damit Du ihn wiederbekommst. Ich habe Dir hundert Mal erklärt, dass Du ihn dann wiederbekommst, wenn Du ein fachärztliches Gutachten vorlegst, aus dem hervorgeht, dass Du wieder fahrtauglich bist. Und das wirst Du alleine schon wegen der Medikamente, die Du nehmen musst, erst einmal nicht mehr sein. Im Fernsehen läuft gerade eine Werbung, dass jeder Mensch im Laufe seines Lebens 120 Liter Tränen weint. Was für eine doofe Werbung, denke ich. Pah, die habe ich in den letzten Wochen schon vergossen. Als Du noch im Krankenhaus warst, habe ich - bis auf ein einziges Mal - nie vor Dir geweint. Wie jeden Tag habe ich Dich gefragt, "Brauchst Du noch was?" Oft ist Dir etwas eingefallen, das Du von zuhause gerne hättest. Mit Deiner Antwort habe ich nicht gerechnet, denn Du sagtest: "Ja, Deine Liebe." Da habe ich es bis auf den Flur nicht mehr geschafft. Meinen Kopf habe ich auf Deine Brust gelegt und Du hast mir über meinen Rücken gestreichelt. Wenn ich sonst weinen musste, bin ich auf den Flur gegangen. Dir habe ich gesagt, ich muss noch schnell was erledigen oder auch mal auf die Toilette. Oder ich habe zuhause geweint, weil niemand da war, der meine Tränen sehen konnte. Ich konnte ihnen freien Lauf lassen, weil ich alleine in der großen Wohnung war. Oft habe ich immer und wieder dasselbe Lied gehört. "Hey" von Andreas Bourani. Kein Lied könnte besser beschreiben, wie ich mich gerade fühle. Manchmal habe ich gedacht, der Schmerz müsste mich zerreissen.

Jetzt ist es anders. Seit gestern bist Du zuhause und ich will nicht, dass Du mich weinen siehst. Ich will nicht, dass Du siehst, wie schwer das alles für mich ist und wie viel Kraft es mich kostet. Und wie anstrengend die Zeit für mich seit Stunde Null war. Du kannst meine Tränen nicht verstehen, nicht ermessen, wie groß mein Schmerz gerade ist. Meine "Wein-Zeit" ist jetzt, wenn ich unterwegs bin. Entweder zum Einkaufen, zu Deinem Arzt, in die Apotheke. Das ist auch die Zeit, in der ich meine Engel anrufe. Manchmal kann ich mit ihnen sprechen, aber meistens kann ich vor lauter Tränen nicht mal mehr das und sie halten mein Geschluchze und meine Verzweiflung aus. Wenn ich wieder zuhause und bei Dir bin, kannst Du es nicht mehr sehen. Ich habe Augenblicke, in denen ich mit dem Auto an einen ruhigen Platz fahre und einfach nur weine. Und manchmal kann ich nicht mal mehr jemanden anrufen, der mich trägt. Ich stelle den Motor aus, sehe dem Regen zu, wie er über die Windschutzscheibe läuft, spüre, wie es kalt im Auto wird und versuche, mich zu sortieren. Manchmal rauche ich eine und versuche, klar in meinen Gedanken zu werden. Meine größte Angst ist immer, dass mich jemand so sehen könnte und dann fragt, was los ist. Aber bis dato habe ich echt Glück gehabt, weil ich immer in abgelegenen Ecken parke. Und wenn die Sonne scheint, macht es mich noch trauriger - ihre Strahlen können mich nicht wärmen, weil alles in mir und um mich herum dunkel ist.

Grenzwertig und im Stich gelassen

Du bist jetzt den 5. Tag zuhause und mir fällt es zunehmend schwerer, "nett" oder liebevoll zu sein. Irgendwie haben sich die Dinge für mich nicht wirklich verändert und wir machen da weiter, wo wir vor Stunde Null aufgehört haben. Es geht nur um Dich. Ich will dies, ich will das. Du bist mit Deinen "Durchgaben" – sprich mit irgendwelchen Botschaften, die Du „von oben" bekommst beschäftigt, hängst stundenlang am Computer. Du kannst nicht verstehen, dass mich sieben Stunden am Stück Videos mit Motorradrennen in einer Lautstärke, als würde das Rennen in unserem Wohnzimmer stattfinden, an die Grenze des Erträglichen bringen. Zuhause machst Du wie vorher auch - nichts. Wo Du gehst und stehst - ich räume hinterher. Ich komme mir vor wie eine Mutter, die ihrem pubertierenden Kind alles hinterher räumen muss. Ich bin heute Nacht um 1.00 Uhr aus dem Schlafzimmer ausgezogen, weil ich es nicht mehr ertragen konnte, neben Dir zu liegen. Dein Bein hat alle paar Minuten gezuckt, auch wenn Du geschlafen hast. Ich weiß, dass Du dafür nichts kannst, aber ich brauche wenigstens nachts ein paar Stunden Schlaf. Und Ruhe. Du machst nichts mehr, was nicht Dich und Deine Bedürfnisse betrifft. Das einzige: Kaffee kochen. Wie man die Kaffeemaschine bedient, hast Du nicht vergessen. Das konntest Du sogar noch, als nichts mehr anderes ging. Der Rest interessiert Dich nicht mehr und ist Dir egal. Das bestätigt auch genau das, was Deine Arbeitskollegen gesagt haben, als ich dort war, weil ich ihnen sagen musste, dass Du nicht mehr arbeitsfähig sein wirst. Sie alle - inklusive Deinem Chef - hatten das Gefühl, es ist Dir alles egal geworden. Und genau so ist es auch. Ich warte vergeblich auf ein Danke oder Bitte oder ein einziges nettes Wort. Und ich sehne mich so sehr danach. Ich habe vor Müdigkeit kleine Augen – Du lachst Dich darüber kaputt und findest es lustig. Mich macht Dein Verhalten wütend und traurig zugleich. Du hältst Dir beim Niesen nicht mehr die Hand vor den Mund, jedes Mal, wenn Du auf dem Klo warst oder Dir die Hände wäschst, muss ich hinterher putzen. Je öfter ich Deinen Entlassungsbrief lese, desto klarer wird mir, dass es nie wieder so sein wird wie früher. Es wird niemandem gelingen, Dich zu dem zu machen, der Du vorher warst. Ich gebe im Internet Deine Diagnosen ein und suche nach einem Hoffnungsschimmer, irgendetwas, das mir Mut machen könnte, weiter durchzuhalten, aber da ist nichts, an was ich mich klammern könnte. Es ist so schwer, Dein Schweigen zu ertragen. Ich frage Dich etwas, es kommt keine Antwort. Manchmal habe ich das Gefühl, dass Du es mit Absicht machst und fühle mich provoziert. Selbst eine beschissene Reaktion wäre besser als dieses Nichts und das Schweigen.

Ich versuche verzweifelt. uns so etwas wie Alltag zu schenken. Dein Radius ist so klein geworden und ich möchte nicht, dass Du es noch mehr merkst, wie sich die Dinge und unser Leben verändert haben. Ich versuche, Dich vertraute Dinge und Abläufe selbst machen zu lassen, auch wenn das ein oder andere herunterfällt und kaputtgeht. Es sind Kleinigkeiten, die sich wiederbeschaffen lassen und damit völlig unwichtig sind. Morgens hole ich Brötchen - ich merke, wie schwer es Dir fällt, Dich zu entscheiden, welche Du haben möchtest. Ich lasse Dich den Tisch decken, damit irgendwie nicht alles verloren geht. Ich pfusche Dir auch nicht rein, wenn ich merke, wie schwer es für Dich ist, die Butter mit dem Messer abzukratzen. Dir Dinge abzunehmen heißt sie vielleicht ganz zu verlieren und das will ich nicht. Du brauchst Deine Zeit und die sollst Du haben. Es ist schwer für mich, neben Dir zu sitzen, denn Du bist ständig in Bewegung. Deine Hände drehen oft an unserem Ehering und Deine Füße sind sich ständig am auf- und abbewegen. So hibbelig und nervös warst Du früher nie. Manchmal erinnere ich Dich sanft daran, einfach zu versuchen, still zu sitzen, denn es gibt Augenblicke, in denen sich Deine Nervosität auf mich überträgt. Es ist schwer, in Deine Welt vorzudringen, die so anders geworden ist. Manchmal ist es Dein Schweigen, das mir in den Ohren förmlich weh tut. Ich weiß nicht, was in Dir vorgeht oder an was Du denkst. Und ich dränge nicht mehr darauf, auf meine Fragen Antworten von Dir zu bekommen. Ich lasse Dich in Deiner Welt des Schweigens. Ich schaffe den Alltag mit Dir nicht mehr. Es ist eine erschreckende Erkenntnis, aber ich packe es nicht mehr und ertrage es auch nicht mehr. Ertrage es nicht mehr, Dich ständig an Deine Medikamente zu erinnern, dass Du daran denken sollst zu trinken. Jedes Mal, wenn Du in der Küche warst, zu schauen, ob der Herd und das Licht aus sind. Dir ist es so egal geworden, wie es mir geht und was ich mache. Ich koche, stelle Dir Dein Essen hin. Du isst, der Fernseher läuft. Du hast es früher immer gehasst, wenn beim Essen das Ding gelaufen ist. Ich bin Aufpasserin, Putzfrau, Köchin und Waschfrau geworden. Ich habe kein eigenes Leben mehr und ich brauche Hilfe. Ich brauche wenigstens ein oder zwei Mal pro Woche ein paar Stunden, in denen ich Zeit für mich habe. In denen ich nicht in Hab-acht-Stellung sein muss, sondern in Ruhe Dinge erledigen kann, die mir am Herzen liegen. Es muss Hilfe her. Aufgrund Deiner Diagnosen kommt der MDK und uns steht Pflegegeld zu. Aber alle anderen wälzen alles auf mich als Ehefrau ab. Ich rufe Pflegedienste an, Pflegestützpunkte, Deine Krankenkasse. Alle sind verzückt, dass ich als Ehefrau selbst schon berentet bin und somit rund um die Uhr für Dich da sein kann. Dass ich das alles nicht mehr schaffe, interessiert keinen. Ich fühle mich auch von Deiner Familie im Stich gelassen. Mir würde es manchmal schon helfen, ein paar Stunden „Luft" zu haben. Aber es ist einsamer Kampf, den ich da kämpfe und ich fühle mich im Stich gelassen.

Dein Traum vom Motorrad

13. Februar 2016: Ich könnte durchdrehen. Bekloppt werden, verrückt in meinem Kopf und meiner Seele. Was auch immer. Seitdem Du zuhause bist, gibt es nur noch ein Thema: Du willst wieder ein Motorrad. Über Stunden und Tage schaust Du Dir nonstop Motorradrennen im Internet an. Es gibt Momente, in denen ich den Laptop aus dem Fenster werfen könnte, weil ich diese Geräuschkulisse nicht mehr ertrage. Ich bitte Dich, wenigstens die Lautstärke zu reduzieren. Es interessiert Dich nicht. Es ist Deine Welt. Zu der ich keinen Zutritt mehr habe. Ein Bekannter von Dir verkauft eine Maschine. Du willst sie Probefahren und sie kaufen. Davon abgesehen, dass es finanziell überhaupt nicht drin ist, hast Du keinen Führerschein mehr. Denn den musste ich abgeben. Wie einem kleinen Kind erkläre ich Dir wieder und wieder, dass es im Moment nicht geht. Als ich an meine Grenzen stoße, schalte ich Deinen Sohn ein. Ihm geht es wie mir. Jegliche Erklärungsversuche scheitern kläglich. Von morgens bis abends gibt es nur das eine Thema. Dein Traum wird sich nicht erfüllen können, weil Du keinen Führerschein mehr hast. Und ich bin so wütend, weil es mir wieder

einmal bewusst macht, dass Dir Deine Erkrankung wieder einen Traum gestohlen hat. Du bist so versessen auf Dein eigenes Motorrad, dass Du einen Händler anrufst, der genau Dein Traumotorrad gebraucht verkaufen möchte. Als Du auf Toilette bist, drücke ich die Wahlwiederholungstaste und erkläre, dass es keinen Motorradkauf geben wird. Und es zerreißt mir dabei das Herz. Wieder einmal.

Manchmal

16. Februar 2016. Mein heutiger Blogeintrag ist nicht lang, aber er sagt doch so viel: Manchmal stellt Dich das Leben vor Aufgaben, an denen Du zu zerbrechen drohst. Manchmal musst Du Entscheidungen treffen, von denen Du nie geglaubt hättest, sie je treffen zu müssen. Manchmal dürftest Du schon längst keine Tränen mehr haben, aber sie fließen immer noch. Manchmal musst Du loslassen, auch wenn das Festhalten so viel einfacher wäre. Manchmal lässt Du einen Teil von Dir selbst gehen, um überhaupt weiterleben zu können. Manchmal bedeutet den nächsten Morgen zu erreichen für Dich ein kleines Stück Ewigkeit. Manchmal bedeutet für Dich das Heute nicht mehr als „Pass auf, dass Du nicht selbst zerbrichst". Manchmal wünscht Du Dir Zeit, um selbst verstehen zu können. Manchmal ist Deine Angst vor dem Fallen größer als Deine Angst vor dem Versuch zu fliegen. Manchmal weißt Du nicht mehr, wie es weitergeht, nur noch dass. Und dennoch gibt es Menschen, die es schaffen, Dir trotz allem ein Lächeln ins Gesicht zu zaubern. Die Dir das Gefühl geben, es wird weitergehen und Du nicht alleine bist, was auch immer geschehen mag. Die Dein doppelter Boden und

Dein Rückhalt sind. Deine Absicherung, Deine Schwimmweste und Dein Notanker. Die Dich an der Hand nehmen und sagen: Wir kriegen das hin, ich geh ein Stück des Weges mit Dir.

10 Meter über dem Wasser

20. Februar 2016. Ich stehe gefühlt auf einem Sprungbrett – 10 Meter über dem Wasser. Unter mir sehe ich das Becken. Meine Zehen krallen sich um das kalte und dicke Sprungbrett, auf dem ich gerade stehe. Ich spüre den Wind, der mir um die Nase weht. Ich weiß, ich kann schwimmen – auch wenn ich nicht weiß, wie weit. Ich kann von oben nicht mal sehen, wie tief das Becken ist. Aber ich werde keine Zeit mehr haben, herunterzuklettern und nachzuschauen. Unten angekommen würde mir vielleicht der Mut fehlen, wieder hochzuklettern. Ich weiß auch, der Aufschlag wird wehtun, weil ich den perfekten Absprung nicht hinbekommen werde. Dafür bin ich zu ungeübt. Noch zurückgehalten von einem unsichtbaren Band, von dem ich weiß, ich werde es durchschneiden müssen. So viele Wochen und Monate gebangt, gehofft, gekämpft – und letztlich an so vielem zerbrochen. Es gibt Augenblicke, in denen ich mich frage, was oder wer von mir übrigbleiben wird, wenn mein Leben irgendwann einmal wieder so etwas wie „Normalität" haben wird. Die Rebellin, die Kämpferin, die Stille. Oder die Zicke, die in so kurzer Zeit lernen musste, sich die perfekte

Fassade anzutrainieren und die schon mal prophylaktisch um sich kratzt und beißt, bevor ihr jemand zu nahe kommt. So viel ist gestorben. Vieles ohne großes Getöse, sondern still und leise. Träume, Liebe, Wünsche, Hoffnung. Neu geboren wurde Verzweiflung, Hoffnungslosigkeit und die Fähigkeit, alles irgendwie durch- und auszuhalten. Und die Entscheidung, mir den zweiten Flügel zurückzugeben, damit ich wieder fliegen kann. Und die Erkenntnis, dass auch die eigene Kraft endlich ist. Was nach dem Absprung kommt — ich weiß es nicht. Es wird kalt werden, es wird wehtun, aber ich werde auch wieder den Beckenrand erreichen. Mich an ihm festhalten und erst mal umschauen, was ich sehen kann. Ich werde mich trauen, aus dem Becken herauszuklettern. Ich werde vorsichtig meine Füße auf den neuen Boden setzen und das Neuland erkunden. Stückchen für Stückchen. Der zweite Flügel wird Zeit brauchen, um zu wachsen. Er wird sein ganz eigenes Tempo haben, um sich zu entfalten und wieder tragen zu können — wann auch immer das sein wird. Ich weiß noch nicht, in welche Himmelsrichtung mich der Wind tragen wird — ob Norden, Süden, Osten oder Westen.

Ich kann nicht mehr und Du willst mich nicht mehr

28. Februar 2016: Was trägt noch, was hält noch, wenn es scheinbar nichts mehr gibt was trägt oder hält. Diese Frage habe ich mir gestern Abend gestellt. Angekommen an der eigenen Grenze – oder diese vielleicht auch schon lange überschritten. Immer noch peinlich bemüht, nach außen die Starke zu sein. Die, die alles wuppt, alles mit links schafft. Die, die schon so viel erlebt hat, die so viel geschafft hat. Damit kein Dritter sieht, dass die Kämpferin, die ich immer war, tief in mir zurzeit gerade sehr klein und zaghaft geworden ist. Langes Kämpfen macht müde. Sehr müde. Ich habe Dich, meinen Mann, verloren. Auch wenn er körperlich noch da ist, lebe ich seit fast zwei Jahren mit einem fremden Menschen an meiner Seite. Den, den ich 2012 geheiratet habe, gibt es nicht mehr und wird es nie mehr geben. Und niemand kann nur ansatzweise erahnen, wie es ist, plötzlich mit einem Fremden zu leben, der zwar noch so aussieht wie früher, aber kein Wesenszug mehr an den Menschen erinnert, dem man sein Ja-Wort gegeben hat. Und Du fehlst mir. Der, den ich so geliebt habe, der, der mein Fels in der Brandung war. Und ich suche immer noch den

Anfang. Den Anfang der Geschichte. Es war nicht die Nacht im November, in der Du nachts in die Leitplanke gefahren bist, nicht das Jahr davor, in dem es einen sehr viel kleineren Unfall gegeben hat. Manchmal denke ich, ich brauche den Anfang, um verstehen zu können. Um irgendwie begreifen zu können. Ich weiß nicht, ob der Anfang die ersten Auseinandersetzungen wegen Nichtigkeiten waren. Oder ob der Anfang der Geschichte die Momente waren, in denen Du mir fremd geworden bist. Fremd als Partner und als Mensch. Dass Lieben auch Loslassen bedeutet, war mir nie bewusster als in den letzten Tagen. „Ich weiß, dass ich in meiner eigenen Welt lebe. Aber in ihr bin ich glücklich, also nimm sie mir nicht weg und lass mich in ihr." Vielleicht war das der entscheidende Satz. Zu verstehen, dass es eine gemeinsame Schnittmenge nicht mehr geben wird. Dass es Zeit wird, loszulassen, so schwer es auch fällt, weil ich den Alltag in Deiner Welt nicht mehr mittragen kann, ohne selbst daran zu zerbrechen. Ich muss akzeptieren, dass ich als Ehefrau und Partnerin in ihr keinen Platz mehr habe. Ich muss irgendwie begreifen, dass ich zu dieser Welt keinen Zutritt mehr habe. Und ich muss „lassen" können. Dich da lassen, wo Du glücklich bist, auch wenn es mir das Herz bricht. Es wird Zeit brauchen. Viel Zeit. Und ich merke, dass ich trauere. Ebenso wie jemand, der einen geliebten Menschen durch den Tod verloren hat. Das gemeinsame Leben ist zu Ende, so viele Träume und Wünsche sind so still gestorben. Es gibt Tage, an denen ich die Erinnerung an die gemeinsame Zeit nicht ertragen kann und das Morgen so unendlich weit weg scheint. Ich habe seit Monaten Menschen an meiner Seite, die mir Halt geben, die für mich da sind. Die diesen Weg mit mir gehen, so schwer er auch gerade ist. Und niemals hätte ich gedacht, wie schwer und steinig dieser sein wird. Wie sehr er mich an die eigenen Grenzen bringen wird. An die Grenzen des Aushaltbaren. „Ingrid, halte durch!" – Ich werde es. Auch wenn es immer noch Augenblicke gibt, in denen ich nicht weiß, wie. Aber ich habe dieses Versprechen meinen Schutzengeln gegeben und an dieses werde ich mich halten. Und ich werde sie brauchen, denn seit heute steht es fest: Du willst mich in Deinem Leben nicht mehr. Du hast Deinen Sohn zu uns bestellt und ihm gesagt, dass Du Dich trennen willst. Du willst die Scheidung. Ich verbiete Dir zu viel, ich bevormunde Dich, beschneide Deine Freiheit, bin daran schuld, dass Du eine Betreuung hast und keinen Führerschein mehr. Vielleicht nehmen wir uns die Entscheidung gerade gegenseitig ab. Ich kann nämlich nicht mehr – und Du willst mich nicht mehr. Es gab vorher – vor der Stunde Null schon so oft Momente, in denen wir uns trennen wollten. Vielleicht haben wir einfach den Zeitpunkt verpasst, das zu tun. Ich kann mich noch an einen Abend erinnern, an dem ich meine Sachen packen wollte und gehen. Ich wusste nur nicht, wohin. Wer keine eigene Familie hat, hat irgendwie auch keinen Heimathafen mehr. Obwohl die Situation jetzt so ist, will ich, dass es gut für Dich weitergeht. Ich muss sehen, dass wir vorher aus dem Mietvertrag kommen, muss sehen, dass ich Nachmieter finde. Schauen, wo Du hin möchtest und willst und alles zu einem guten Ende bringen. Was für ein Ende einer Ehe. Manchmal fühle ich mich als Versager. Habe versucht, mein eigenes Ego kleinzuprügeln, um nur noch für Dich da zu sein. Mein eigenes Leben aufzugeben, um Deins für Dich angenehm zu machen. Aber ich kann es nicht. Nicht mehr.

Es ist klar, dass Du nicht mehr alleine leben kannst. Aber was ist die Variante? Du weißt es selbst nicht. Willst darüber nachdenken. Ich werde nie den Moment vergessen, in dem das Thema „Heim" auf den Tisch kommt. Wenn sich Dein Zustand verschlechtert, wirst Du alleine gar nicht mehr zurecht kommen. Also werde ich mir Heimplätze für Dich ansehen. Müssen. Ich kann Dir das Gefühl nicht beschreiben, dass ich habe, als ich in den ersten Heimen in der Umgebung anrufe und nach einem freien Platz frage. In einer Einrichtung kann ich mir ein Zimmer anschauen. Als ich das Auto vor dem Gebäude parke, wird mir schlecht. Ich atme tief durch und gehe hinein. Die Pflegeleitung ist sehr nett und führt mich durch das Haus. Es sind vorwiegend sehr viel ältere Menschen, die hier leben. Einige sind noch relativ agil, andere scheinen vor sich hinzuvegetieren. Sollte das Deine Zukunft sein? Alles in mir sträubt sich. Ich will Dich nicht in einer solchen Einrichtung wissen. Aber ich werde bald nicht mehr da sein. Du willst wieder in Dein Elternhaus zurück. Zurück zu Deiner Mutter, Schwester und zu Deinem Patenkind. Und ich werde jetzt alles daran setzen, Dir das möglich zu machen.

Wie ein Blatt im Wind

29. Februar 2016. Das ist glaube ich, gerade der Zustand, der am besten wiedergibt, wie ich mich gerade fühle. Wie ein Blatt im Wind. Abgerissen vor einigen Monaten und immer noch nicht auf dem Boden gelandet. Von starken Böen umherwirbelt, vergessen, wo oben oder unten ist. Zu wenig Momente, in denen der Wind nachließ und mich sanft getragen hat, in denen ich das Gefühl hatte, vorsichtig geschaukelt zu werden. Der Sturm war mächtig und das ist er immer noch. Das Blatt, das irgendwann zu Boden fallen wird, wird nicht mehr unbeschadet sein, denn dafür war der Wind zu stark. Manchmal rollen sich Blätter ein, um sich selbst zu schützen, um dann eines Tages wieder die Ränder zu entfalten, um Wasser, Sonne und Licht aufsaugen zu können. In genau 12 Wochen werde ich das sein, was man landläufig manchmal so dahersagt: Heimatlos. An meinem Kühlschrank hängt ein Magnet mit dem Spruch: „Heimat ist da, wo Dein Herz zuhause ist". Und im Moment weiß ich nur, wo es einmal zuhause war, aber noch nicht, wo es das wieder sein wird. Ich habe angefangen, meine ersten Sachen zu verkaufen und mit jedem Stück, das ich in der Hand halte, werden Erinnerungen wach. Ich

habe Dinge nie nur einfach so gekauft, sondern kann mich bis heute bei jedem Stück daran erinnern, wann und wo ich es entdeckt und gekauft habe. Sie haben mir viele Jahre etwas bedeutet und ich habe sie von Spanien nach Berlin und von Berlin nach Bayern mitgenommen. Weil sie mir wichtig waren. Und jetzt habe ich die ersten Momente, in denen ich merke, loslassen bedeutet so viel mehr. Es bedeutet, viele Dinge in die Hand zu nehmen, die Erinnerungen zuzulassen und trotzdem zu sagen: Ich gebe ab, mögen sich andere Menschen daran erfreuen .In mein neues Leben kann ich nicht alles mitnehmen – und ich will es auch nicht. Es gibt Tage, da fällt es mir leichter, mich von Dingen zu verabschieden, für andere brauche ich länger. Aber noch habe ich ein paar Wochen Zeit. Bei jedem Umzug, den ich in meinem Leben gemacht habe, habe ich irgendwie „weniger" gebraucht. Immer versucht, das Wichtige vom Unwichtigen zu trennen. In diesen Tagen wird mir zum ersten Mal richtig bewusst, dass mit jedem Stück, von dem ich mich trenne, ich auch ein Stückchen Ballast abwerfe. Wie Sandsäcke in einem Heißluftballon. Wenn er an Höhe gewinnen will, muss er Gewicht abwerfen. Und es ist auch das erste Mal in meinem Leben, dass ich keinen Plan habe. Nur die Gewissheit, es gibt kein Zurück. Was hinter mir liegt, das weiß ich, was vor mir liegt ist immer noch nicht greifbar und völlig ungewiss. Aber ich vertraue darauf, dass der Sturm nachlässt und das Blatt sanft zu Boden gleiten lassen wird. Er es an den Ort tragen wird, von dem das Herz später sagen wird: Hier ist meine Heimat.

Zwischenmenschliches

Kein Mensch kann ermessen, wie schwer es heute ist, Dich als meinen Ehemann zurückzuweisen und mich gegen Dich zu wehren. Du willst unbedingt mit mir schlafen und ich muss mich durchsetzen. Und viel schlimmer: Dich auch körperlich abwehren. Wir haben lange nicht mehr miteinander geschlafen. Sex war für uns immer etwas ganz Besonders. Aber das ist lange, lange her. Ich glaube, seit dem Du Anfang des Jahres ins Wohnzimmer gezogen bist, haben wir nicht einmal ansatzweise mehr so etwas wie körperliche Nähe gehabt. Ich versuche, Dir zu erklären, dass bei mir gerade „die Luft draußen" ist. Du schaust mich an und sagst: "Na und? Aber nicht wegen mir.!" "Nein, nicht wegen Dir...." Was soll ich Dir auch sonst sagen? Natürlich ist es wegen Dir. Wegen dem letzten Jahr, den vielen Dingen, die Du gesagt hast und die mich so verletzt haben. Ich kann nicht mit jemandem schlafen, der mich so behandelt hat, wie Du es getan hast. Du hast mit Deinen Worten so viel kaputtgemacht, dass ich mich diesbezüglich wie tot fühle. Erstaunlicherweise ist Dein Wunsch nach Sex extrem geworden, seit dem Du wieder zuhause bist. Aber ich merke auch, ich muss meine eigene Seele schützen. Mit Dir jetzt zu schlafen, nur um Dir einen Gefallen zu tun wäre so, als würde ich meine Seele verkaufen. Ich würde mich schmutzig, benutzt und dreckig fühlen. Ich kann es nicht...

Wie können Sie nur?

Wie es so ist, wenn man ländlich lebt, die Trennung und die geplante Scheidung spricht sich herum wie ein Lauffeuer. Und es wird auch für Deine Familie unbequem, denn ich habe es ihnen in den letzten Wochen und Monaten schon sehr bequem gemacht. Ich habe mich rund um die Uhr um Dich gekümmert und bis heute ahnt Deine Familie nicht mal, wie viel Du mir während dieser Zeit abverlangt hast. Aber es muss eine Böse geben und zu der mutiere ich offensichtlich gerade. Als unsere Vermieter erfahren, dass wir uns trennen werden, ist der erste Satz, den ich höre: „Wie können Sie das nur tun. Ihr Platz ist an der Seite Ihres Mannes." „Sie sind aber in meinen Schuhen nicht gegangen." Mehr fällt mir nicht ein als Antwort. Was soll ich auch sagen? Dass wir uns irgendwann, auch schon lange vor Deiner Krankheit nicht mehr viel zu sagen hatten? Dass Deine Veränderung schon lange vor der Stunde Null begonnen hat. Dass ich irgendwann Stück für Stück aus Deinem Leben verschwunden bin und es mich als Frau eigentlich gar nicht mehr gibt? Mir fallen so viele Situationen ein, die mir so unendlich wehgetan haben. Der Tag der Hochzeit, der der schönste sein sollte. Am

Vorabend hast Du mir gesagt: „Jetzt heirate ich eine arbeitslose und kranke Frau." Du fandest diese Aussage lustig, mich hat sie tief verletzt. Dann die vielen Momente, in denen ich Dich einfach gebraucht hätte. Als Partner. Ich kann mich erinnern, wie oft Du mich alleine gelassen hast, in den Momenten, in denen ich nicht viele Worte, aber Dich gebraucht hätte. Als ich wieder einmal in die Klinik musste, haben wir beide in der Notaufnahme sitzen müssen. Ich hatte Angst, wieder operiert werden zu müssen – Du hattest Hunger und bist nach Hause gefahren. Es hat Dir alles zu lange gedauert. Viel zu lange. Ich hatte mir gewünscht, dass Du da bist, wenn ich aus der Narkose erwache. Aber da war niemand, als ich auf meinem Zimmer wach werde. Ich war Dir zu „teuer", habe Dich zu viel Geld gekostet. Nie habe ich gefordert, etwas verlangt. War nie shoppen oder habe Geld für sinnlose Dinge aufgegeben. Meine Schulden – meine Altlasten – konnte ich immer selbst begleichen. Ein paar Monate vor der Stunde Null waren wir im Wald in Deinem Heimatort spazieren. Du kanntest den Weg – ich nicht. Ich war Dir nicht schnell genug und Du bist einfach weiter gegangen. Am Ende des Weges warst Du weg. Ich konnte Dich nicht mehr sehen – und auch nicht mehr hören. Auf mein Rufen hast Du nicht geantwortet. Ich hatte mich dann auf eine Bank gesetzt, den Weg zum Aussichtsturm hatte ich nicht mehr gefunden. Diese Zeit haben mehrere Jugendliche genutzt, um mir verbal zuzusetzen. Sie hatten mich eingekesselt und ich hatte einfach nur noch Angst. Irgendwann sind sie verschwunden. Geblieben ist die Angst und das Gefühl, irgendwie ausgesetzt worden zu sein. Irgendwann hatte ich mich dann auf den Rückweg gemacht – und irgendwann habe ich Dich entdeckt. Du hast Dich kaputtgelacht, als ich einfach nur noch wütend und voller Angst war. Das sind die Dinge, die mir wehgetan haben. Und jetzt gerade fallen mir wieder die Worte Deines Arztes ein: „Frau Beck, denken Sie einmal nach. Die Persönlichkeitsveränderungen müssen schon sehr viel früher begonnen haben…" Ja, das haben sie. Ich habe als Frau oder Partnerin nicht mehr viel gezählt. Und das schon so viel länger. Aber mir wird erwartet, weiter für Dich da zu sein. Unabhängig davon, ob ich es noch will und kann. Einfach durchzuhalten, mein eigenes Leben aufzugeben.

Auszeit

15. März 2016. Seit Monaten hänge ich nun fest in meinem Hamsterrad. Ich habe gestrampelt, gekämpft. Und mich in allem verloren. So oft gehofft, der nächste Tag wird anders, wird besser, wird leichter. Aber das Gegenteil war der Fall, die Last wurde nicht leichter, sondern schwerer. Ein kleines Päckchen abgeworfen, ein neues, großes und schwereres dafür erhalten. Ich habe immer noch den Funktionsmodus auf „on", keinen einzigen Tag gehabt, an dem nichts los war, an dem ich nicht reagieren und funktionieren musste. Noch immer ist alles ein großes Chaos, noch immer gibt es so viele Unbekannte. Zu viele. Vieles, das ich nicht beeinflussen kann, das nicht in meiner Macht liegt. Zu vieles. Es ist wie bei einer mathematischen Gleichung mit Unbekannten. Und im Augenblick fühlt sich die Gleichung an wie: Zwei Goldfische wanderten durch die Wüste. Einer war rot, der andere dünn. Wie viel wiegt die Palme, wenn es regnet? Es gibt immer noch keinen Plan, keine Idee, wie ich die Gleichung lösen könnte und ich habe mich festgefahren wie ein Auto. Man kann hin- und herruckeln, wie man will, aber man kommt nicht mehr vorwärts. Im Gegenteil – je mehr man sich

Mühe gibt, desto mehr scheint sich alles festzufahren und noch tiefer als vorher. Ausreissen. Koffer packen und einfach weg. Den Gedanken hatte ich in den letzten Monaten gefühlt öfter als das Jahr Tage hat. Und immer wieder nur gedacht, gewünscht, es aber nicht gemacht. Aus Pflichtbewusstsein, aufgrund der aktuellen Lage, aus schlechtem Gewissen, aus tausend Gründen. Und vielleicht auch aus Angst. Angst vor dem Moment, der für mich Stille bedeuten wird. Angst vor dem Augenblick, in dem es kein „Außen" geben wird und ich zurückgeworfen sein werde auf mich selbst. Angst vor dem, was sich in mir Platz und Raum schaffen will und vielleicht auch muss. Angst vor der Zeit, in der ich zum ersten Mal seit Monaten zum Nachdenken kommen werde. Angst vor der Trauer, vor dem Schmerz, vor den eigenen Gefühlen. Es wäre so leicht zu sagen, ich mache während dieser Tage dies oder das. Treffe mich mit Freunden oder Bekannten. Aber darum geht es nicht. Leicht bedeutet nicht richtig. Und ich würde mich wieder im Außen verlieren. Ich muss herausfinden, was von mir selbst noch übrig ist. Die Rebellin, die Kämpferin, die Stille, die Wütende, die Schweigsame. Ich muss es aber herausfinden, um weitermachen zu können.

Und genau jetzt ist der Moment, in dem ich sage, ich brauche eine Auszeit. Sie wird nicht reichen, um zu verstehen und um zu verarbeiten. Aber sie wird mir zeigen, was von mir selbst geblieben ist.

Erinnerungen

16. März 2016. Fotos hinter Glas, ein altes Kleidungsstück, das Hochzeitskleid, Briefe von früher. Und manchmal nur die Erinnerung an einen Geruch, der sofort bunte Bilderfetzen mit sich bringt. Es tut mir nicht gut, mich zu erinnern. Noch nicht. Ich würde viele Erinnerungen, die manchmal beim Berühren eines Gegenstandes oder beim Anschauen eines Bildes plötzlich da sind, gerne beiseite schieben, weil sie noch zu wehtun. Mir noch zu viel sind. Aber es gelingt mir nicht immer und strenggenommen noch viel zu wenig. Auf einmal sind nicht nur einzelne Bilderfetzen da, sondern der ganze dazugehörige Moment. Momente des Glücklichseins, Augenblicke, die man einfrieren und für immer festhalten möchte, weil sie so schön waren. Und manchmal kommt es völlig unerwartet, dieses Erinnern. Wenn ich im Keller bin und in den alten Kisten krame, fällt mir so viel in die Hände. So viel, das an glückliche und schöne Momenten erinnert. Mir fallen auf einmal Postkarten vom Wilden Kaiser in die Hände. Ostern 2011. Wir haben uns kurzentschlossen ins Auto gesetzt und sind einfach losgefahren. Nach Österreich in die Berge. Ich weiß bis heute nicht, was ich lieber

mag. Die Berge oder das Meer. Beides fasziniert mich. Dieses Mal müssen es die Berge sein. Der Hof, den wir ansteuern liegt auf 2.700 m Höhe und es gibt dort nichts außer Wiesen, Weiden und die Berge. Keine Nachbarn – nur die Bewohner und Tiere des Hofes. Die alte Treppe zu unserem Zimmer im ersten Stock knarrt. Nicht bei jeder Stufe, aber bei einigen. Unser Zimmer ist urig mit alten Möbeln eingerichtet. Eben einfach ein uralter Bauernhof mit unendlich langer Geschichte. Gegenüber von uns der Wilde Kaiser. Getrennt von unserem Hof durch ein tiefes Tal. Ich stehe ehrfürchtig und beinahe andächtig den Bergen gegenüber. Sie sind so wunderschön und gigantisch, dass es mir beinahe den Atem verschlägt. Und ich fühle mich so klein. Was bin ich im Gegensatz zu diesen Giganten? Und es ist so still hier. Bis auf die Vögel in den Ästen, die ihr Lied singen und das leise Muhen der Kühe hört man nichts. Der Wind streicht leise über die Wiesen. Wir verbringen viel Zeit mit dem Erkunden der Gegend. Schleppen uns schmale Pfade hoch, setzen uns auf die Wiese, erklimmen gemeinsam den Gipfel unseres „Berges". Wir sind einfach. Hier und in diesem Moment. Gemeinsam. Ostermontag fahren wir wieder nach Hause.

Voll von imposanten Bildern und angefüllt von der gemeinsamen Zeit. Wir wollten wiederkommen. Bald wiederkommen. Und alles ist anders gekommen. Ostern 2016: Ich versuche immer noch zu begreifen, zu verstehen, dass es das Gemeinsam nicht mehr geben wird. Und ich bin müde vom vielen Kämpfen. Es gibt immer noch Hoffnung auf hellere und bessere Tage. Und den tiefen Wunsch, die Erinnerungen mögen nicht verblassen, sondern Anker werden. Dann, wenn sie nicht mehr so wehtun.

Wie spät ist es?

17. April 2016. Wie spät ist es? Jetzt! Wo bist
Du? Hier! Wer bist Du? Der Moment! (Zitat von
Dan Millmann, „Peaceful Warrior") Dan
Millman hat recht. Es spielt keine Rolle, auf
welchen Ziffern die Zeiger der Uhr stehen. Es
ist auch egal, welchen Namen der Ort trägt, an
dem ich gerade bin und diese Zeilen schreibe.
Und ich bin der Moment. Das gerade „Jetzt", in
dieser Sekunde. Das Sitzen vor dem Laptop, das
Nachdenken über alles, während ich hier
schreibe. Das um mich herum besteht seit Tagen
und Wochen aus Loslassen, Abschied nehmen,
Sortieren, Räumen, Packen, Wegwerfen –
letztlich ein Abschied auf Raten. Man könnte
auch sagen, es erinnert an Salami-Taktik. Stück
für Stück muss ich loslassen, jeden Tag ein
bisschen mehr. Ich bin gerade erstaunt, wie sehr
man sich reduzieren und von so vielen
materiellen Dingen trennen kann. Vieles schien
so viele Jahre so wichtig, dabei ist es das gar
nicht. Oder nicht mehr. Es bleibt so wenig, dass
ich in mein neues Leben mitnehmen kann und
auch will. Es sind Bilder, an denen ich hänge.
Bilder, die ich geschenkt bekommen habe und
die eine besondere Bedeutung für mich haben.
Wenn ich sie ansehe, dann tragen sie ein Stück.

Es sind CD´s an denen ich hänge. Wie sehr hat mich die Musik die letzten Monate getröstet. Es ist anstrengend, so viel am Ende der Geschichte loslassen zu müssen. Und überraschend, wie wenig ich noch wirklich „brauche". Ich bin müde geworden von so vielen Dingen und letztlich fordert die Situation seit Monaten alles, was ich an Kraft habe. Ich mag nicht mehr erklären, nicht mehr erzählen, weil ich spüre, dass man niemandem erklären kann, wie es ist, alles zu verlieren. Alles, was so viele Jahre das Fundament war, das getragen hat. Das Zuhause, den Partner, seine Existenz. Ich kann heute so gut verstehen, dass Menschen am Verlust dieser Dinge zerbrechen. Vielleicht besser als jemals zuvor. Ich habe lernen müssen, wie schnell gewertet wird. Wie schnell man in eine Schublade gesteckt wird. Aber niemand ist auch nur ansatzweise in meinen Schuhen den Weg gegangen, den ich gehen musste. Ich habe mich diesbezüglich für den Rückzug entschieden, weil es gerade die einzige Möglichkeit scheint, meine Seele zu schützen und noch die nächsten Tage und Wochen durchzuhalten. Es gibt auch immer noch Momente, in denen ich mich frage. wie viel kann ein Mensch – wie viel kann ich ertragen. Aber ich stehe noch! Immer noch! Und das manchmal wider eigenes Erwarten! Viele Tage sind immer noch eine emotionale Achterbahnfahrt, noch immer greift bei vielen Dingen der „Funktionsmodus" und manche Tage sind einfach beschissen. Was trägt? Die tiefe Gewissheit, dass es weitergehen wird. Wie spät ist es? Jetzt!

Verloren

2. Mai 2016. Wenn man alles verloren hat, was je getragen hat, dann wird es kritisch. Kritisch, weil man die ersten Momente hat, in denen es um mehr geht, als nur um das Loslassen von Erinnerungen oder materiellen Dingen. Man fühlt sich wie im Auge des Hurrikans. Obwohl es in ihm (angeblich) sicher ist, spürt und sieht man, wie es alles außen herum wegreißt, vernichtet und zerstört. Man kann es nicht verhindern, ist Beobachter und gleichzeitig Betroffener, weil man in der Mitte von ihm steht. Was bleibt, wenn alles wegbricht? Nichts mehr trägt, nichts mehr hält. Sich die Panik in einem breit macht, weil man nicht mehr weiß, was morgen kommt oder in den nächsten Stunden. Die wichtigste Lehrstunde hatte ich am Wochenende. Sie hat mir beigebracht: „Sein ist wichtiger als Haben". Genau in dem Moment begriffen, als ich vor meinen vielleicht 25 Umzugskisten gestanden habe und gespürt habe, wie wenig ich eigentlich wirklich noch brauche. Ich habe Menschen noch nie an dem festgemacht, was sie haben, sondern wie sie sind. Mir war es schon immer egal, ob oder was für ein Auto jemand hat oder fährt, wie und wo er lebt oder welche Kleidung er trägt. Ab sofort

werde ich genau zu ihnen zählen, denn man wird auch mich nicht mehr an dem festmachen können, was ich besitze, sondern an dem wie ich bin. Wie schnell wird man zum Grenzgänger, stellt sich selbst und alles andere in Frage. Müde geworden vom langen Kämpfen, kommen die ersten Fragen. Warum und wofür noch? Es fehlt jeder Sinn, jeder Mut und jeglicher Kampfgeist. Und dann begegne ich auf einmal Menschen, die wissen, wie sie mich und meine Seele packen können und mir klarmachen, dass es um so viel mehr geht in meinem Leben. Und ich beginne zu verstehen, dass ich genau meinen Weg, so wie er war, nicht umsonst gegangen bin und aufgeben keine Option ist. Sie geben mir meinen Mut zurück, meinen Kampfgeist und ich weiß auf einmal, es wird weitergehen. Sie schenken mir ein Fundament, auf dem ich wieder beginne zu stehen und merke: Ja, auch wenn ich alles verloren hast – mich gibt es noch. Mit dem, was ich bin und wie ich bin. Zusätzlich bin ich eigentlich gerade in der Lernphase, in der ich versuche mir abzugewöhnen, mich für jedes gesprochene Wort, das mir zuteil wird und mir hilft, für jede Minute, die man mir als Mensch schenkt, zu bedanken. Es ist nicht leicht, das, was man mir gerade gibt, anzunehmen, denn geben ist für mich immer so viel leichter gewesen als nehmen. Auch das ist für mich neu und braucht Zeit. Ich sage den Menschen, die gerade in meinem Leben sind, Danke. Es ist aber kein einfaches nur so dahingesagtes Danke, sondern es kommt wirklich aus der Tiefe meines Herzens. Danke, dass es sie in meinem Leben gibt und sie sind wirklich Engel.

Aufgeben ist (k)eine Option

18. Mai 2016. Und ich stehe noch. Zumindest irgendwie. Ich stehe morgens immer noch auf, ich atme, ich räume weiter die Wohnung und ich kämpfe weiter. Vor wenigen Tagen gab es den einen Moment, in dem ich gemerkt habe, dass meine eigene Kraft definitiv zu Ende geht. Ich bin immer noch im Funktionsmodus, seit Anfang November letzten Jahres und vielleicht schon viel länger. Ich habe aufgehört, nach dem Anfang der Geschichte zu suchen, weil ich begriffen habe, selbst wenn ich ihn finde, dann hilft es mir nicht weiter. Ich bin psychisch an meiner Belastungsgrenze angelangt und auch physisch. Ich sitze inmitten von Kartons, die ersten Räume in der Noch-Wohnung riechen nach frischer Farbe und ich habe immer noch keinen unterschriebenen Mietvertrag für eine eigene Wohnung. Wenn jetzt alles gut geht, dann kann ich in ein paar Tagen in ein möbliertes Zimmer ziehen. Ich schicke stündlich ein Stoßgebet nach oben und hoffe, ich bekomme die Zusage. Eigene Sachen habe ich kaum noch, Erinnerungen an mein altes Leben stehen verpackt in einigen Kartons in einem Kellerraum, der mir zur Verfügung gestellt wurde. Und der meine Rettung ist, weil ich

zumindest diese wenigen Dinge trocken stehen weiß. Ich weigere mich immer noch, zum „Amt" zu gehen, weil ich nicht das wenige, das ich noch habe, auch noch verlieren will. In wenigen Monaten ist mein Auto abbezahlt, mit der anderen Bank konnte ich mich auf neue Raten einigen. Und ich will es alleine schaffen! Ich will kein Sozialfall werden! Mein Ziel war es, mit einem Minijob meine Mini-Rente für knapp 30 Jahre Arbeit aufzustocken, damit ich alleine existieren kann. Eine Zusage für einen Minijob, die ich bereits mündlich hatte, ist geplatzt. Ohne Begründung. Was mir den Boden unter den Füßen weggerissen hat, weil ich nicht mehr wollte als eine Chance. Und ich weiß, ich hätte sie genutzt, wenn man sie mir gegeben hätte. Ich musste letzte Woche in die Klinik, wurde operiert und bin jetzt gesundheitlich um Wochen zurückgeworfen und im Moment nicht einmal Mini-Job-tauglich. Ich habe nicht einmal mehr den Ansatz einer Ahnung, wie ich die nächsten Wochen überbrücken kann und soll. Und dann auf einmal Worte von einem guten Bekannten, die sich einbrennen: „Ingrid, warum machst Du eigentlich noch weiter? Jeder andere hätte sich schon zehn Mal früher das Leben genommen. Mach doch einfach Schluss und höre auf, Dich zu quälen. Es würde jeder verstehen." Ja, vielleicht wäre es leichter und auch wenn Aufgeben als eine Option scheint: *Das* wird nicht mein Weg sein. Es wäre gelogen, wenn ich sagen würde, ich hätte in den vergangenen Wochen und Monaten nicht daran gedacht. Ich habe drei Tage am Stück durchgeweint, weil ich die Ungewissheit, wie es mit mir selbst weitergehen kann und soll, nicht mehr ertragen konnte. Das war auch mein persönlicher Rekord. Es gab Momente, in denen auch ich den Mut und die Hoffnung verloren hatte und gemerkt habe: Dann habe ich wirklich verloren. Ich stand am Abgrund und manchmal haben nur wenige Zentimeter gefehlt. Das Gefühl, kein zuhause mehr zu haben, niemanden mehr, der meine Hand in seine nimmt und sagt: Hey, wir kriegen das zusammen hin. Die Augenblicke, in denen Erinnerungen – und auch die Realität -so übermächtig werden, dass ich sie kaum noch aushalten kann. Das nicht wissen, wo ich in ein paar Wochen wohnen werde, von was ich „überbrücken" kann. Das Auseinandersetzen mit meinem Stolz, den ich immer noch habe. Warum es mich immer noch gibt? Weil es Menschen gibt, die für mich da sind, auch wenn ich alles verloren habe.

Erinnerungen an meine Eltern, die nie gewollt hätten, dass sich ihre Tochter das Leben nimmt. Die Hoffnung, dass alles genau so seinen Sinn hat, auch wenn ich ihn immer noch nicht verstehe. Der feste Glaube, dass alles sein gutes Ende finden wird. Die Gewissheit, schon so viel im Leben geschafft zu haben, weil ich nie auf Rosen gebettet war. Und weil es Menschen in meinem Leben gibt, die immer noch an mich glauben, auch wenn ich Momente habe, in denen ich es selbst nicht mehr kann.

Ich bin noch nicht tot

Weißt Du eigentlich, wie sehr ich mich im letzten Jahr nach etwas Nähe und einem einzigen netten Wort gesehnt habe? Danach, dass Du mich mal in den Arm nimmst und mir sagst: "Ich liebe Dich?" Du hast meinen Geburtstag ignoriert, unseren Hochzeitstag, die letzten Freunde durch Deine Art vergrault. Als wir uns kennengelernt haben, wollten wir beide ein offenes Haus. Und was haben wir? Heute kommt niemand mehr, weil Du lieber mit Dir alleine bist. Dein Egoismus, Deine Rücksichtslosigkeit, Deine verbalen Attacken, das war mein letztes Jahr.- und auch das Jahr davor. Das, was Du als "Frieden" in unserer Beziehung bezeichnet hast, war nichts anderes als Resignation. Ich hatte es aufgegeben, darum zu kämpfen, dass Du zum Arzt gehst. Und bei jedem Bitten und Flehen meinerseits kam der Spruch von Dir: "Ich mach schon mein Zeug!" Ja, herzlichen Glückwunsch. Du hast es echt gut gemacht. Zwei kaputte Leben und ein Scherbenhaufen. Das hast Du echt prima hinbekommen. Ich habe so lange auf meine Bedürfnisse verzichtet, auf alles, um es Dir recht zu machen. Dir und Deinem Leben. Aber nicht mir und meinem Leben. Und ich bin im

Moment nicht bereit, die nächsten 40 Jahre so weiter mit Dir zu leben. Ich bin 47 und noch nicht tot. Auch ich habe Bedürfnisse und Wünsche. Das Verlangen, mal in den Arm genommen zu werden und einfach gestreichelt oder festgehalten zu werden ist manchmal so groß, dass es wehtut. Wie oft hätte ich Dir am liebsten entgegen geschrien: Mich gibt es auch noch! Ich bin noch nicht tot! Aber genau so habe ich mich gefühlt.

Abschied und Neubeginn

15. Juni 2016. Ich habe die Zusage für ein möbliertes Zimmer bekommen. Stolze 37 qm mit einem Bad samt Wanne. Ich kann nicht beschreiben, wie ich mich fühle, als ich den Mietvertrag unterschreibe. Wenn es nicht geklappt hätte, dann hätte ich nicht einmal mehr gewusst, wo ich hätte schlafen und wohnen können. Ich habe ein Dach über dem Kopf. Es ist zwar klein, aber ich habe eins. Und ich bin weiß Gott nicht mehr in der Position, irgendwelche Ansprüche ans Leben zu stellen. Vor einigen Tagen war die Wohnungsübergabe des alten Zuhauses. Der Moment, vor dem ich solche Angst hatte. Der wochen- und monatelange Kampf ist zu Ende, als ich die Schlüssel von der alten, gemeinsamen Wohnung dem Vermieter zurückgebe. Irgendwie ist alles geschafft. Mein altes zuhause ist ab sofort Geschichte. Es gibt kein Räumen mehr, kein Putzen mehr, kein Kistenschleppen. Es ist vorbei. Ich habe Angst vor dem Augenblick, in dem ich zur Ruhe finden werde und sich die ersten Momente des Nachdenkens einstellen werden. Am Samstag halte ich mich noch selbst auf Trab, fahre meine allerletzten Kisten ins Lager. Ich sortiere zuhause meine Handtücher

von hell nach dunkel, säubere jedes einzelne Blatt meiner Orchideensammlung, die in meinem alten zuhause einige Farbspritzer abbekommen haben und putze mir in meinem neuen zuhause die Seele aus dem Leib. Während der Fahrt mit den letzten Kisten ein ganz besonderes Lied im Radio, das mir die Tränen in die Augen treibt. Ich erlege mir selbst ein Autofahrverbot bis Sonntagabend auf. Mein einziger Wunsch: Nicht nachdenken, nicht versuchen, zu verstehen, was die letzten Wochen und Monate geschehen ist. Dann die ersten Momente, in denen Bilder kommen. Bilder, die ich nicht sehen und auch nicht fühlen will. Meine Freunde und Menschen, die „mit mir gehen" sind vorgewarnt. Ich werde sie brauchen, das weiß ich – und spüre ich. Ich brauche Worte, die mir helfen, durch das Wochenende zu kommen. Menschen, die meine Tränen und meine Achterbahn der Emotionen aushalten können. Die wissen, welchen Weg ich gegangen bin und wie viel Kraft er gekostet hat. Ich hatte gehofft, ich würde Erleichterung verspüren, weil alles vorbei ist. So ist es aber nicht. In mir ist es leer, ich bin erschöpft und unendlich traurig über das Ende eines Kapitels, das so vor wenigen Jahren so voller Zauber begonnen hat.

Ich muss verstehen, dass es mir schlecht gehen darf. Dass diese Wochen und Monate an niemandem spurlos vorbeigegangen wären. Ich war so lange stark, dass ich es jetzt nicht mehr um jeden Preis zu sein brauche. Und ich muss begreifen, wie wichtig auch die Bilder sind, die sich mir zeigen. Denn sie werden mir dabei helfen, zu verarbeiten. Ich würde es mit Gewalt schaffen, sie zu verdrängen, aber irgendwann würden sie kommen. Und wahrscheinlich heftiger als jemals gedacht. Also gilt es, mich selbst auszuhalten, mit allem, was ist. Krisenstimmung auf voller Front! Leere, Tränen, Hilflosigkeit, so viele Fragen und keine Antworten mehr. Ich traue mich, mich zuzumuten. Ich will unbedingt alleine aushalten, merke aber, ich schaffe es nicht. Zum ersten Mal in dieser Geschichte weiß ich, wann wer wie arbeitet und erreichbar ist. Das ist Premiere. Wie sehr es hilft, zu reden, merke ich, als ich mich traue, anzurufen und zu sagen: „Mir geht es beschissen." Aber ich werde nicht mehr nach dem „Warum" fragen, weil ich weiß, dass es auf diese Frage sowieso keine Antwort geben würde. Ich hatte Reserven in mir, von denen ich niemals gedacht habe, dass ich sie habe. Und wenn mir vor einem Jahr jemand erzählt hätte, was ich zu bewältigen habe, wie schwer der Weg sein würde, ich hätte nie gedacht, dass ich es schaffen würde. Und wenn mir einer vor vier Wochen gesagt hätte, es wird sich alles fügen, damit es auch für mich gut weitergehen kann – ich hätte nicht mehr daran geglaubt. Aber derjenige hätte recht gehabt.

Mein „neues" Leben fühlt sich noch ungewohnt an und sehr anders. Vieles scheine ich erst wieder lernen müssen. Was sind meine eigenen Bedürfnisse, was meine eigenen Wünsche? Aber ich werde es herausfinden. Jeden Tag ein bisschen mehr und die Zeit wird einige Wunden verheilen lassen.

Scheidungstermin

Aufgrund der Umstände wird unser Scheidungstermin schnell anberaumt. Einmal wird er kurzfristig verschoben, weil der Rechtsanwalt in Urlaub ist. Ich lebe jetzt seit drei Monaten in meiner Einzimmerwohnung und habe versucht, es mir gemütlich zu machen. Und ich denke, es ist mir ganz gut gelungen. Du schreibst mir immer wieder Mal eine E-Mail, suchst Gründe, mich mit mir zu treffen. Manchmal stehst Du einfach vor meiner Tür, Du bist die Strecke von Deinem alten neuen Zuhause mit dem Fahrrad gefahren. Ich merke, wie sehr mich Deine Besuche belasten und ich das nicht mehr kann – und auch nicht mehr will. Du wolltest den endgültigen Schnitt. Und ich brauche Ruhe – und Zeit. Viel Zeit. Wie ein Kind stehst Du immer vor mir, willst Du mich zum Eis essen abholen. Jedes Mal weise ich Dich ab. Ich will kein Treffen mit Dir, keine Zeit mehr mit Dir verbringen. Anfang Oktober ist die Scheidung. Als ich das Gericht betrete, bist Du schon da. Als wir vor der Richterin sitzen, fühle ich Erleichterung. Erleichterung und ein Stück Wehmut. Ich hatte mir alles so anders gewünscht und vorgestellt. Und jetzt ist es vorbei. Auch auf dem Papier. Einmal sehen wir uns noch wieder. Du bittest mich, Bewerbungen für eine neue Arbeitsstelle zu schreiben. Ich mag nicht wieder erklären, dass Du nicht mehr arbeiten gehen wirst. Und Du beichtest mir, dass Du fremdgegangen bist. Vielleicht sollte ich Wut spüren oder mich verletzt und hintergangen fühlen. Es macht mich nur kurz wütend, dann ist das Gefühl verraucht. Ich habe Dich schon längst losgelassen. Losgelassen, um selbst überleben zu können.

Liebe trägt nicht alles

Niemand, der das alles nicht durchgemacht hat, wird meine Gedanken verstehen können. Das weiß ich. Aber ich habe sie trotzdem. Für mich war und ist Liebe immer bedingungslos, nie an Erwartungen oder Leistungen geknüpft, sondern sie ist einfach. Es ist ein Gefühl, das so viel trägt. Das nichts verlangt und so viel gibt. Ich war immer der Meinung, Liebe trägt alles. Ich habe die ersten Momente, in denen ich mich frage, ob das wirklich so ist. Ob es richtig ist, so zu denken. Auszuhalten, mitzuleiden, mitzutragen, in einer Partnerschaft oder Ehe so alleine zu sein und seine eigenen Bedürfnisse so zurückzuschrauben, dass es sie eigentlich nicht mehr gibt. Wäre alles anders gekommen, wenn ich „richtig" geliebt hätte? Muss ich es aushalten? Das aushalten. Für die nächsten 20 oder 30 Jahre? Als ich letzte Woche bei unserem Hausarzt war, um mit ihm über Dich zu sprechen, meinte er nur: "Vielleicht war es nur ein kurzes Glück." War es das? Waren drei Jahre Ehe und sieben gemeinsame Jahre alles? Du hast mir mal gesagt, Du willst keine kranke Frau, weil ich mit der Autoimmunerkrankung Morbus Crohn lebe und mit 47 Jahren berentet bin. Aber ich habe jetzt einen kranken Mann an meiner

Seite, der nie wieder so werden wird, wie er einmal war.. Ich weiß nicht, ob es anders wäre, wenn es das Horror-Jahre mit Dir vor Stunde Null nicht gegeben hätte. Und ich weiß auch, es macht eigentlich keinen Sinn, darüber nachzudenken. Wäre es für mich leichter, wenn wir vorher eine glückliche Zeit gehabt hätten und nicht immer wieder Streit und Auseinandersetzungen? Wenn es Dich so aus dem Leben gerissen hätte, wenn alles o.k. gewesen wäre? All das, was Du mir im letzten Jahr an den Kopf geworfen hast - ich kann es nicht so einfach wegwischen und vergessen. Ich *kann* es einfach nicht. Will ich ein Leben lang an Deiner Seite bleiben, auch wenn wir uns das vor gerade mal drei Jahren vor dem Standesbeamten versprochen haben? Will ich mein Leben aufgeben für Deins? Reicht meine Liebe für uns beide? Muss sie reichen? Oder ist sie schon ein Stück verschwunden? War es „falsche" Liebe? War es viel mehr die Suche nach einem Heimathafen, weil ich selbst keinen mehr habe? Die Suche nach Familie, weil es keine eigene mehr gibt? Wollte ich zu viel? Ich fand es nie viel. Ich wollte eine Beziehung, in der es ein gemeinsam gibt, aber dennoch jeder so sein darf wie er ist. Ich hatte mir ein miteinander gewünscht – aber nicht etwas, das an eine Zweckgemeinschaft erinnert. In jeder Beziehung gibt es Kompromisse, aber es darf nie so sein, dass einer alles gibt und der andere verliert. In jeder Beziehung sollte es ein „Gemeinsam" geben. Gemeinsame Zeit, die man zusammen verbringt. Man sollte über alles reden können und nicht alles werten und verurteilen, was der andere sagt. Hätte ich den Weg weiter mit Dir gehen können, wenn ich nur genug geliebt hätte? Heute kenne ich die Antwort: Nein! Liebe bedeutet niemals, sich selbst aufzugeben, seine Träume, seine Wünsche, seine Bedürfnisse, seine Sehnsüchte. Sie bedeutet nicht, sich selbst zu verlieren. Sie bedeutet sich zu ergänzen, zu teilen, aneinander zu wachsen, Entscheidungen gemeinsam zu treffen. Sie verleiht einem Stärke, ist ein Fundament, das trägt. Ohne Erwartungen, ohne an Bedingungen geknüpft zu sein. Heute weiß ich, dass ich nie „falsch" war. So lange Jahre dachte ich, ich wäre falsch. Fühle falsch, denke falsch. Aber so ist es nicht. Ich bin richtig. Denn es sind meine Gefühle, es ist die Sprache meines Herzens und meiner Seele - und das kann niemals falsch sein. Auch wenn mir viele Menschen versucht haben, genau das einzureden.

April 2020

Am Karsamstag möchte ich nicht in den Einkaufswahnsinn geraten, den die Osterfeiertage mit sich bringen und bin bereits um sieben Uhr zum Einkaufen unterwegs. Da ich Ostern alleine verbringen werde, brauche ich nicht viel, aber auch das Wenige muss ich besorgen. Als ich die Straße zurück nach Hause hochfahre, sehe ich Dich die Straße herunterlaufen. Wie früher auch trägst Du Jeans und ein weißes T-Shirt. Du siehst immer noch so aus wie der Mann, den ich so sehr geliebt habe, nur Dein Gesicht erinnert an eine Maske. Du lächelst, als Du mich im Auto vorbeifahren siehst und Du winkst. Ich kann nicht anhalten und eigentlich will ich es auch nicht. Wir haben uns aus den Augen verloren und das ist gut so. Meine Seele hat immer noch keine Ruhe gefunden, obwohl jetzt schon lange Zeit vergangen ist. Ich weiß, dass Du zwischenzeitlich nicht mehr in Deinem Elternhaus wohnst, sondern nur wenige hunderte Meter von mir weg in einem großen Wohnblock. Als ich das erfahren habe, habe ich mich gefragt, wie Du wohl alleine zurechtkommen magst. Am Ostersonntag um 21.30 Uhr kommt eine SMS von Dir. Ich wundere mich, dass Du immer noch meine Handynummer hast. Du schickst mir viele Grüße. Ich antworte nicht, weil ich Angst habe, wenn ich das tue, dann wirst Du es möglicherweise als Einladung sehen. Und ich weiß auch nicht, was ich Dir antworten sollte.

Ende April sitze ich gerade bei einem guten Freund beim Frühstück, als mir mein Handy anzeigt, dass eine neue Nachricht für mich angekommen ist. Ich bin das Wochenende über ausgerissen, weil mir einfach nach einem Tapetenwechsel war. Die Nachricht ist von Deiner großen Tochter. Seit unserer Trennung habe ich keinerlei Kontakt mehr zu Deiner Familie, die auch zu meiner geworden war. Auch das hat unendlich wehgetan, denn ich habe Deine Kinder, Deine Enkel und Deine Familie geliebt. Aber vielleicht war es auch gut so. Ich bekomme Herzklopfen, als ich die Nachricht lese und ich fange an zu zittern. Sie schreibt mir, dass Du verstorben bist. Ich weiß nicht, was ich darauf antworten soll, was ich antworten kann und schreibe nur zurück, dass ich ihr für die Info danke. In mir überschlagen sich die Gedanken und Gefühle. Ich wusste, dass Du mit Deiner Krankheit nicht sehr alt werden würdest. Aber das macht es gerade nicht einfacher. Ich bin unendlich traurig, obwohl wir schon lange nicht mehr zusammen sind. Bis heute lebe ich alleine, weil ich immer noch Angst vor einer neuen Beziehung habe und ich unsere Geschichte immer noch nicht verarbeitet habe. Ich frage mich, ob ich es hätte verhindern können, dass Du so früh sterben musstest. Ich traue mich, die Mutter Deines Schwiegersohnes anzurufen, weil ich es irgendwie nicht begreifen kann. Und ich brauche jetzt auch jemanden, mit dem ich um Dich weinen kann. Es bricht mir nochmal ein Stück das Herz, als ich erfahre, dass man Dich nach Tagen tot in Deiner Wohnung aufgefunden hat. Das Essen, das Dir täglich gebracht wurde, stapelte sich bereits seit Tagen vor der Tür. Ich frage mich warum hat niemand nach Dir gesehen, wenn Du doch das Essen hast stehenlassen? Ich frage mich, wie es für Deinen Sohn gewesen sein muss, als er Dich so aufgefunden hat? Fragen über Fragen. Und mir wird bewusst, dass ich nichts von unserem gemeinsamen Weg verarbeitet habe. Ich wäre gerne an Deiner Beerdigung dabei gewesen, aber ich bekomme via SMS die Information, dass sie jetzt stattfindet, wenige Minuten vorher. Man will mich nicht dabeihaben und auch das tut mir noch weh. Wenige Wochen später brauche ich therapeutische Hilfe, die im Rahmen eines stationären Aufenthaltes stattfinden wird. Unsere gemeinsame Zeit, das Ende unserer Geschichte, Dein Tod – ich schaffe es alleine nicht, zu verstehen, zu verarbeiten, zu begreifen. Während der vier Wochen in der Klinik bekommt meine Seele langsam Ruhe. Ich hätte nichts verhindern können und auch nichts anders machen. Es hätte nichts geändert, Dich früher zum Arzt zu bringen oder sofort den Rettungswagen, als ich gemerkt habe, was Du vielleicht haben könntest, weil die Krankheit schon so viel früher ausgebrochen ist. Ich habe es geschafft, Dich endgültig loszulassen und selbst wieder frei zu sein.

Ich lebe seit der Scheidung alleine. Es gibt Augenblicke, in denen ich mir wieder jemanden an meiner Seite wünsche. Mit dem ich lachen kann, meine Gedanken teilen, meine Wünsche, meine Sehnsüchte - und meinen Alltag. Und dann gibt es wieder die Angst in mir. Angst, mich zu verlieben und noch einmal so viel zu verlieren. Manchmal versuche ich es, wissenschaftlich zu sehen und mir einzureden, dass es statistisch eigentlich unmöglich ist, dass mir genau das noch einmal passiert. Aber was weiß ich schon, was Gott mit mir vorhat? Wenn ich wieder jemanden liebe, dann habe ich Angst. Nicht, weil es irgendwie „nicht passen" könnte, sondern weil ich Angst habe, das, was ich liebe, wieder zu verlieren. Und diese Angst sitzt tief. Sehr tief. Ich habe Angst, wieder ein zuhause zu verlieren. Wieder Gefahr zu laufen, kein Dach mehr über dem Kopf zu haben. Und dann macht sich auf einmal so etwas in mir breit, was man vielleicht Gottvertrauen oder Urvertrauen nennen kann. Ich werde es wissen, wenn es der Richtige ist. Und er wird mir auch helfen, meine Angst zu verlieren. Ich will keine Beziehung mehr, in der ich Erwartungen erfülle, in der ich mich „falsch" fühle oder kleingehalten werde. Ich will keine Beziehung mehr, in der Abhängigkeit in jedweder Form eine Rolle spielt. Ich weiß heute auch, dass ein einzelner Mensch so unglaublich viel aushalten kann. Mehr als man sich je hat vorstellen können. Wie oft sagt man, wenn das oder das passiert, werde ich kaputt gehen. Nein, so ist es nicht. Man schaltet in eine Art Funktionsmodus und tief in einem muss es Reserven geben, auf die man zugreifen kann, wenn alles unterzugehen droht. Ich bin mir heute selbst wichtig geworden. Und das war ein langer Weg. Mich wieder wahrzunehmen mit meinen ureigenen Bedürfnissen. Es hat lange gedauert, bis ich herausgefunden habe, was ich eigentlich mag, was mir Freude macht. Und mir ist bewusst geworden, wie viel ich in der Ehe vermisst habe. Es waren keine großen Dinge, die mir so gefehlt haben, sondern die vielen kleinen. Ein nettes Wort, eine kleine Geste, ein kleiner gemeinsamer Spaziergang. Nichts, was Geld gekostet hätte. Ich habe manchmal so sehr danach gelechzt und meine Seele hat während dieser Zeit solchen Hunger danach gehabt. Nach etwas Nähe, nach etwas Liebe. Und ich habe angefangen, mich selbst zu lieben. Ich glaube, dass das ein sehr guter Anfang ist, auch wieder einen anderen Menschen lieben zu können. Ich fühle mich richtiger als jemals zuvor. Und ich meide heute Menschen, die den Kontakt zu mir suchen, nur weil ich ihnen das Leben leichter machen und ich die Lösung ihres eigenen Problems sein könnte.

Epilog

Jetzt ist es November 2021. Die Therapie hat mir unglaublich geholfen, wieder klarer zu sehen, wieder zu mir selbst zu finden und mich frei zu machen von dem Schmerz, der Trauer und der Wut, die ich so lange mit mir herumgetragen habe. Es hat fünf lange Jahre gedauert, um wirklich und endgültig loslassen und mit mir selbst wieder Frieden zu schließen zu können. Ich bin wieder frei. Das ist ein wunderbares Gefühl. Und es gibt seit Kurzem wieder einen Menschen in meinem Leben, der mir so wichtig geworden ist. Ich weiß noch nicht, wo und wie unser gemeinsamer Weg weitergehen wird, aber ich weiß, dass ich hier und heute den Mut habe zu sagen: Ich traue mich wieder zu leben und zu lieben!

Und ich habe mich mit diesem Buch ein Stück freigeschrieben. Es hat lange gebraucht, oft konnte ich nicht weiterschreiben, obwohl ich das Gefühl hatte, ich möchte es tun, weil es mir wichtig ist. Jetzt habe ich es fertigschreiben können und darauf bin ich stolz. Es ist Teil meines Lebens, Teil meiner Geschichte, die mich auch immer begleiten wird.

Bis heute bin ich meinen beiden Engeln dankbar, dass sie damals so für mich da waren, ohne Wenn und Aber. Ohne die beiden hätte ich die damalige Zeit niemals so geschafft! Und bis heute haben wir Kontakt.